太极与中华传统文

TAIJI YU ZHONGHUA CHUANTONG WENH

郑茗芥　唐　亮◎主编

中国石化出版社
·北　京·

图书在版编目（CIP）数据

太极与中华传统文化 / 郑茗芥，唐亮主编；梁闻铭，郭靖，孔茹玉副主编 . -- 北京：中国石化出版社，2024. -- ISBN 978-7-5114-7417-9

I.G852；K203

中国国家版本馆 CIP 数据核字第 2024BD3927 号

中国石化出版社出版发行

地址：北京市东城区安定门外大街 58 号

邮编：100011 电话：（010）57512500

发行部电话：（010）57512575

http://www.sinopec-press.com

E-mail: press@ sinopec.com

宝蕾元仁浩（天津）印刷有限公司印刷

全国各地新华书店经销

787 毫米 ×1092 毫米 16 开本 12.75 印张 298 千字

2024 年 8 月第 1 版　2024 年 8 月第 1 次印刷

定价：58.00 元

编委会

主　编： 郑茗芥　中国石油大学（北京）

唐　亮　中国石油大学（北京）

副主编： 梁闻铭　集美大学

郭　靖　北京政法职业学院

孔茹玉　北京市顺义区天竺第一小学

前 言

太极拳、太极剑、太极扇是中国传统文化中的重要组成部分，是一种具有深厚历史底蕴和丰富文化内涵的传统武术。太极拳结合了古代哲学、易经、中医等众多思想精髓，太极剑结合了中国传统文化和古典美学等众多思想精髓，太极扇结合了中国传统古典美学等众多思想精髓，形成了独特的技术体系。本教材是学习太极拳、剑、扇的重要工具，在原有基本技术的基础上，增添了中华传统文化部分的教学内容，使课程更加立体化、内容更为丰富。

在这本教材中，我们将每一部分分为四个章节来介绍太极的相关知识。第一章是理论篇，主要是结合中华传统文化探索拳、剑、扇的文化内涵；第二章是技术篇，从动作学习、重难点、动作要领、易犯错误与纠正方法、练习方法5个方面介绍技术；第三章是专项身体素质篇，结合技术动作所需具备的身体素质介绍练习方法；第四章是教学设计案例篇。教材内容涵盖了理论部分和技术部分，打破了以肢体运动为通堂的教学模式。通过理论内容的学习，理解太极拳理特点，从运动生理学的角度分析项目的内在规律和运动过程中身体形态的变化，从而在理论指导的基础上进行教学实践。太极拳章节介绍了太极拳的阴阳平衡、合文化、圆文化、美文化等传统文化内容，从中国传统的基础观念切入，介绍其在中国传统社会中在天地宇宙与人事应用方面的体现，启发学生思考，分析其在太极拳运动中的运用。太极剑章节巧妙融合中国古典美学的精髓，深入剖析了太极剑所蕴含的美学特征及其深厚的传统文化底蕴。通过这一独特的教学视角，课程不仅展示了太极剑运动中的流畅与和谐之美，更引导学生深入探索其背后蕴含的哲学思想、道家理念与武术精神的融合。这一过程旨在激发学生的好奇心与探索欲，促使他们从太极剑的一招一式中，领悟并欣赏到中华民族悠久文化的博大精深。太极扇章节追溯了太极扇的悠久历史与文化根源，从技法要求的精细层面，严格规范了太极扇动作的每一个细节，力求技艺的精准与完美。在此基础上，课程进一步探索了太极扇的美学魅力，巧妙融合中国传统古典美学的精髓，详尽阐述了太极扇在动态平衡、力量流转与意境营造等方面所展现的美学特征，这种教学模式不仅丰富了学生的知识体系，更在潜移默化中提升了他们的艺术鉴赏能力和文化自信，让太极扇的学习成为一次深刻的文化探索与自我修养之旅。太极拳、剑、扇运动，不仅仅是体能的锻炼与技巧的展现，更是中华民族深厚传统文化内涵的生动载体，通过太极运动看到它背后深厚的传统文化内涵，既唤起学生的学习兴趣，又培养学生的文化自信，从而挖掘太极类课程的新内涵。

在教学方法上，技术教学中可通过教师示范、分解教学、完整教学的形式进行新技术动作的教与学，从集体练习教师纠错，到小组练习学生互相纠错，使学生掌握新技术；通过小组练习模式培养组长的组织能力，小组成员的期待对组长提出更高的要求，只有敢于担当、带领成员进行技能提升才能赢得团队的尊重，从而提高自己领导团队的能力。成员的协助不仅体现在对他人的尊重上，更重要地体现出一种超越个体的人文情怀，而组内针对动作技能进行的互相学习与批判也是自由的，双方为了共同的目标去解决问题，在互相协商的基础上，实现太极拳课程培养人文素养方面的隐性教育价值。最后以三项运动所具备的身体素质为主要内容，引入专业的素质练习方法，针对腿部力量、核心力量以及身体平衡能力提供科学有效的练习方法。

《太极与中华传统文化》教材的编纂初衷，旨在为广大读者搭建一座桥梁，使他们能够深入而全面地探索太极拳、太极剑、太极扇系统的知识，为所有热爱这项国粹的读者提供一本集系统性、科学性、实用性于一体的权威参考书。我们精心梳理了太极系列运动的历史脉络、理论基础与技术精髓，力求每一个细节都准确无误，让读者在学习的旅途中既能追溯其深厚的文化底蕴，又能掌握扎实的技能基础。为了增强教材的直观性与易读性，我们巧妙融合了图文并茂的解说、详尽的文字阐述以及配套的视频教程，旨在通过多维度的方式，让太极拳、剑、扇的每一个细微动作都清晰可见，让学习之路更加顺畅无阻。我们深信，通过这样全面而细致的指导，读者不仅能够深刻理解太极拳、剑、扇背后的文化内涵，更能有效提升个人的武术技艺与养生智慧。

当然，尽管我们已竭尽全力追求教材的完美与全面，但学海无涯，若书中尚有不足之处或需进一步完善的地方，我们诚挚地欢迎各位读者提出宝贵意见与建议。您的每一分反馈，都是我们不断进步与完善的动力源泉。愿这本教材能成为您探索太极世界、提升自我修养的得力助手，共同为太极拳这一璀璨文化遗产的传承与发展贡献力量。如有不足，还请多多见谅，并期待与您一同成长。

目　录

太极拳

32 式太极剑

28式太极扇

太极拳

正面完整动作示范

背面完整动作示范

第一章　理论篇

第一节　武术礼仪——抱拳礼

太极拳是众多武术拳种中的一种，虽然各拳种有不同的风格特点，但是习武之人有个讲究，叫“未曾习武先习德”，学习技术之前要先学习武术的礼仪，它在习练武术的过程中很重要。

中国古代有六艺，礼、乐、射、御、书、数，而礼为六艺之首。中国传统的礼仪经常用拱手礼。比如过年的时候，主持人会做拱手礼给电视机前全国人民拜年，在特殊时期人们会面时将握手礼也会改成拱手礼。“不学礼，无以立。”中国武术也有自己的礼仪，那就是“抱拳礼”。抱拳礼是武术界最常用的礼节之一，是习武之人拜师、会友、团拜、比赛等场合的标志性礼节，也应用于上下课师生之间问好与告别，在世界各地以武会友的场合中也应用武术抱拳礼（图 1-1）。

图 1-1　抱拳礼

抱拳礼右手为拳，拳的做法为四指并拢，屈指关节，再屈大拇指放在食指和中指的中间。指关节的面称为“拳面”，手的背部称为拳背，小指一侧像车轮的地方，叫作“拳轮”，大拇指和食指有个圈的地方叫“拳眼”。

左手为掌，四指并拢，大拇指内扣。用左掌掌心盖住右拳拳面，视为抱拳礼。当我们行礼时，两手臂撑圆，拳眼对住自己的胸口，因为它离我们的心脏最近，寓意当你向别人行礼时要诚心相对。另外肘关节要下垂，在拳击比赛或者综合格斗比赛中，我们会发现，运动员做准备动作时肘关节没有上扬的，这是出于对自己本能的防守。当别人攻击我的头时，我会很迅速地上挡，当攻击我的肋部时，我会迅速地下挡，非常灵活地保护自己。在练习抱拳礼时，发出“敬礼”口令时，双手举起做抱拳礼，行礼时要突出当代青年的精、气、神，抬头挺胸目视前方，发出“礼毕”口令时，双手放下。

抱拳礼动作看似简单，实则包含了丰富的中国传统文化的内涵。右手为拳，古人认为右手多使用兵器，多用于进攻，所以右手代表了一种力量；左手为上为善，压住具有力量的右手，寓意凡事应以和为贵；另一层含义是，右手以拳相握代表了五湖，左手以掌代表了四海，中国文化崇尚和谐，从以和为贵，到现今时代的共建人类命运共同体，中国人民一直追求着和平与稳定，而两臂撑圆，寓意五湖四海皆为兄弟团结在一起，共同发扬中国的传统文化。武术抱拳礼是道德与行为的规范，习武要更加注重武德的培养，所以未曾学艺先学礼，未曾习武先习德。

师徒小典故

一日为师，终身为父

师父带徒弟不仅是技艺的传递，更是人格、武德的塑造过程，入门后，徒弟往往和师父吃住在一起，如同父子一样，少则几年、多则十几年、几十年才能学成出师，过程中师父对徒弟的影响显而易见，朝夕相处中他们情同父子，故而有“一日为师，终身为父”之说！

第二节　阴阳平衡

说到太极拳这三个字，我们一定会想到：它是中国的，是我国优秀的传统文化。说到这项运动，我们会对它有一个直观的印象，它的运动节奏非常的“慢”，然而经过练习后你会发现，即使动作很慢，你依然很难控制自己的身体，似乎太极拳的慢与你想象的又不太一样。“柔和缓慢，连绵不断”是练习太极拳的基本要求，它通过身体重心的转换和匀速的移动去寻求我们身体的平衡，比如起势、野马分鬃。我们会发现，身体的重心是不停地转换的，如果负荷只停留在一条腿上，那么我们腿部支撑的时间不会太久，只有通过重心转换去变换负荷的强度，在匀速运动的条件下以维持身体的平衡，才能使骨骼和肌肉在不同的角度完成伸缩和旋转，达到锻炼的效果。通过不断的练习，太极拳可以帮助提高身体的协调性和平衡能力，注重内在的调和与平衡，促进气血的畅通，达到身心的平衡与和谐。在练习太极拳时，需要注意呼吸与动作的配合，通过呼吸和舒缓的动作配合可以帮助放松身心，缓解压力，调节情绪，提升心理健康。

太极图（图 1-2）大家并不陌生，太极阴阳图的构成是外面一个圆，中间由 S 线一分为二，分成黑白两个部分，也就是阴和阳。阴阳一般指事物相对的两个方面，在我们生活中有很多太极阴阳的元素，比如太极粥、太极火锅、太极图形的自然景观……易有太极，是生两仪，两仪即阴阳，太极拳理的阴和阳，是指相对的两个内容，像起势的升与降、野马分鬃开与合、白鹤亮翅的上与下、快与慢、刚与柔等，可以说阴阳两个元素在太极拳动作中无处不在。阴阳两个部分相互对立、相互依存、相互转化，构成了宇宙万物的发展变化。太极拳也强调阴阳平衡的拳理，通过身体的协调与平衡，达到攻防兼备、内外合一的目的。

图 1-2　太极图

第三节　合文化

太极拳通过身体重心的转换去变换负荷的强度，在匀速运动的条件下以维持身体的平衡，达到锻炼的效果。在练习太极拳的过程中，阴和阳是总原则，它体现在上下相合、左右相合、前后相合，还有内外相合等，所以“合”在太极拳的练习中是一种自然的、全面的状态，通过阴阳平衡已经学习了上下、左右、前后的相合，也可以通过内、外相合的内容去解读太极拳的“合”文化。太极拳合文化是指内三合、外三合。我们在练习太极拳时表现出来的身与心、意念与动作的协调配合正是太极拳内与外的两种表现形式。顾名思义，内三合是指内意的变化，具体内容包括心与意合、意与气合、气与力合。如果从运动生理学的角度分析的话，心：是指大脑产生的一种想法；意：是指大脑发出的为实现想法而做相应动作的指令；气：是指承载大脑指令的神经冲动；力：是指外在的动作表现。举个例子：我想做朝天蹬动作，这是大脑产生的想法传递到神经中枢经过处理，发出指令到达效应器；通过调动肌肉，提膝、搬腿，直到完成把它表现出来（图 1-3）。这个内意的过程就是内三合，通过心与意合、意与气合、气与力合，展示整个动作的内意过程。外三合是指外在的动作表现，也是练习的基础。具体内容包括：手与足合、肘与膝合、肩与胯合。这是太极拳身法的重要组成部分，强调的是身体各部分的协调和配合，通过外三合的练习，可以增强身体的协

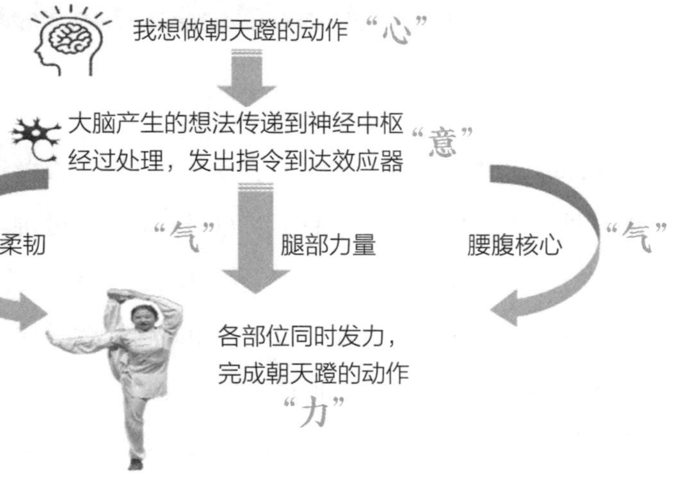

图 1-3　内三合示意

调性和平衡能力，提高身体的灵活性和敏捷性。在练习时，协调的肢体动作可以帮助内三合的练习，使意念、呼吸、力量更好地结合在一起。外三合的动作定位后要注重力量的传递，特别是力的平衡和连贯性，使力量能够从脚到腰、从腰到肩、从肩到手、从手到指，依次传递，把身体各部分看作一个整体，使各部分相互配合、相互协调，达到内外合一的目的。

第四节　圆文化

通过意念引导动作，身与心协调配合，形成闭环，这是太极拳整体原则的体现。说到“闭环”，可以联想到一个形状：“圆”，太极拳与圆之间息息相关。太极拳的圆文化来源于中国古代哲学的一般观念，古人说到天地宇宙的时候，讲“天圆地方”，比如古代模拟天地结构的式盘中，上面象征天，是圆的，下面象征地，是方的（图 1-4）。

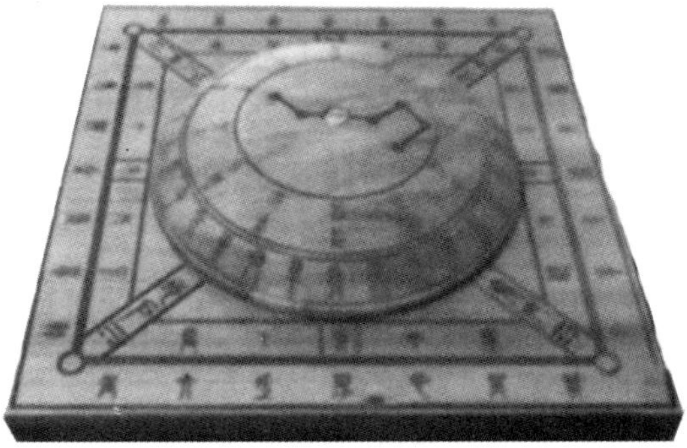

图 1-4　天地结构式盘

说到一个人修养的时候，讲“智圆行方”，比如古代最高学府太学里的辟雍，里面的建筑是方的，外围的水是圆的（图 1-5）。可以看出古人爱讲方和圆，这是因为圆的特性是动，而方的特性是静，圆与方，动与静，构成一种辩证的关系。

太极拳作为健身防身的武术运动，吸收了中国古代哲学的这些观念，太极步法中左右弓步之间的转换，把点连成线，形成方形的结构，以此提高身体的稳定性。太极拳的圆文化，也体现在它的运动中，以圆的形式出现的太极图，是对太极拳理论的升华。首先，太极拳的运动方式是支撑八面的整体圆，太极图中阴阳大小相等对称的方

图 1-5 太学里的辟雍

式，体现了追求和谐的平衡体，在太极拳的动作中比如对身型的要求：虚领顶劲、十趾抓地，体现的是对身体的上下拉伸；含胸拔背、松腰敛臀体现的是对身体的前后对撑；还有桩功的左右撑圆，即上下、前后、左右的身体结构打开使我们的身体像一个球体一样，无论从哪个方向施力，都能得到相应的反作用力。这种身法圆转自如的特点在实战中可以转化为灵活多变的战术策略，体现了太极拳整体圆的运动观，周身协调，浑然一体。其次，从外形来看，无论是外面的圆圈还是中间的 S 线、阴阳鱼眼，组成元素都是圆形或者弧形，体现了太极拳非圆即弧的运动路线或轨迹，无论是单个动作还是动作之间的衔接，都强调圆形的运动轨迹，这种圆形运动有助于更好地发挥身体的协调性和平衡性，圆活连贯，绵绵不绝。最后，它的运动过程又是互变的，图中阴阳鱼尾相接，体现了轮回，我们做动作时经常会强调，上一个动作的结束便是下一个动作的开始，中间没有停顿，周而复始，生生不息。这样在技击的时候就可以做到以圆化直、以柔克刚、以弱胜强。

第五节 “虚”“实”文化

近几年，我国航天事业取得了重大成果，而太极拳也跟随神舟九号航天飞船走进了空间站，“太空太极”成为航天员体育锻炼时必备的项目。为什么太极拳能被带到太空去呢？首先，太极拳作为中国优秀的传统文化，进入中国空间站是我国文化自信的体现；其次，习练太极拳不受空间的限制，即使在空间站也可以做原地的太极动作；另外，太极拳行云流水般慢的运动方式，使得在太空练习起来更贴合地面运动；通过意念引导动作的锻炼，更能体现出东方传统文化的神韵；最后，通过身体重心的转换，便于航天员在太空这种特殊的环境中更容易寻找到身体平衡感。这个重心转换的过程就是通过身体“虚”与“实”的变换完成的。虚，可以理解为向空的方向发展；实，可以理解为能够看到的。虚实之间是相对的，也正是在这相互融合的过程中，迸发出相生的魅力。

中国传统文化中，哲学、美学、兵学中都阐述了“虚实概念”。比如兵法中诸葛亮的八卦阵（图 1-6），正是运用了虚实变换之术。它是由八个小阵组成的一个大阵，据说诸葛亮正是依靠这个八卦阵，把敌人围得团团转。其实现时的阵形并不是恒定不变的，在这个阵法中，要求士兵在特定的时间进行走位，运用虚实转换之术变换入口和出口的位置，用声音和气势让敌人失去判断的能力，从而取得胜利。所以在这里它也是运用了虚实变换之术。

图 1-6　诸葛亮的八卦阵

太极拳的“虚和实”又是如何进行它的转换之术呢（图 1-7）？

首先，从动作过程来看，变换身体的重心，就是虚实之间的转换，重心在左，则左实，重心在右，则右实，而移动的过程则为虚。在移动过程中，身体需要不断地调整重心，这时的动作多为虚。通过虚实之间的转换，可以使身体更加灵活多变，同时也有助于保持身体的平衡和稳定性，要注意虚实之间的转换和协调，使身体动作更加自然、流畅。

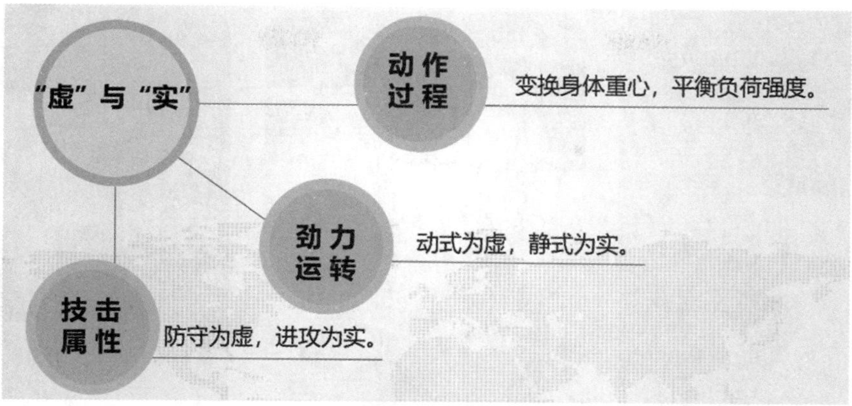

图 1-7 太极拳“虚和实”转换之术

其次，从劲力运转上看，在动作的过程中身体是蓄劲，是虚的，积蓄能量，才能蓄势待发，而定势掤住的发出的劲是实的。蓄劲和发劲是相互依存的，蓄劲就像是将身体的力量和能量积蓄起来，而发劲则是将积蓄的力量和能量释放出去。通过虚实之间的转换，可以使身体更加灵活多变，同时也有助于保持身体的平衡和稳定性。

最后，从技击属性看，防守为虚，进攻为实，比如太极推手中，对方向我推来，我没有硬抗，而是做了看似退让的动作，其实是为了寻找机会化掉对方的劲，做更好的进攻，这个过程是虚与实的变换，这种虚实变换的过程是太极拳中的重要策略之一。通过虚实变换，可以使得对方的攻击落空，同时也可以借机而动，发起反击。在实战中，只有正确把握虚实之间的关系，才能更好地发挥自己的实力，取得胜利。

第六节 太极拳美文化

美是一种能唤起人们共鸣的、积极向上的身心体验。生活中常见的美有：人体美、自然美、艺术美。太极拳不仅具有健身防身的实用价值，还是一种独特的表演艺术，具有审美价值。

太极拳理，吸收了中国传统的文化哲理，中国传统的美学思想，讲究气韵、天人和谐、刚与柔的对立统一等，也深深地影响了太极拳的美学特征。太极拳中的造型美、姿势美和神韵美，是太极拳美学特征的重要组成部分（图 1-8）。

图 1-8　太极拳美文化

造型美。太极拳的造型美包括动态造型美和静态造型美。动态造型美，产生于手、眼、身、法、步的变化，通过人体的点、线、面的转变，以及精神、劲力的表现，组合成一幅动态的画面，给人以美的享受。静态造型美也就是定势美。其实，动态与静态造型是相互联系、相互转换、不可分割的。太极拳每一个动作造型的起势和收势，都可以视为静态造型。譬如，“白鹤亮翅”“单鞭”，都是收势后的静态造型；而“野马分鬃”“云手”等动作都是动态造型。其实，从这些动作名称就可以看出，无论是动态造型还是静态造型，都是取自生活中的典型形象，一旦把这些典型形象有机地联系在一起，组合成动态的画面，就构成太极拳中的造型美。

姿势美。太极拳的姿势美，也就是姿态、架势美。在演练时，动作舒展大方，姿势优美。太极拳讲究“五弓”，处处呈圆弧，虚领顶劲，气沉丹田，含胸拔背，沉肩垂肘，松腰圆裆，开胯屈膝，尾闾中正。动柔成刚，动静有常，势势相连，绵绵不断。每一个动作都有特定的姿势和要领，要求练习者做到身体放松、姿势端正、呼吸自然，注重身体的整体平衡和稳定，这种姿势美的追求有助于增强自我调节能力和保持良好的精神状态。每一个动作几乎所有的关节角度都保持屈的状态，这与攻防有关系，因为屈是蓄的状态，积蓄能量，才能蓄势待发。从美的角度看，它体现了美的更高一层境界，那就是神韵美。

中国传统美学讲究意境与传神。就是要生动地把内在的神意传达出来。我们知道，太极拳的一个总的要求是：“内固精神，外示安逸”，强调了内在的精神和外在的表现都要达到和谐、自然和安逸的状态。具体来说，“内固精神”是指练习者要保持内心的平静、稳定和集中，不受外界干扰，同时要注重内在的呼吸、意念和身体的协调统一，使内在的精神得到充分的锻炼和体现。而“外示安逸”则是指练习者在外观上要表现出安详、自然和舒适的状态，使自己的身体和外在环境达到和谐统一。这种内外合一的状态不仅是一种美学追求，更是一种内在的精神境界。太极拳非常重视精、气、神的作用，强调“以心行气，以气运身”，演练时要形神兼备，通过动静、虚实、刚柔、开合的变化，透露出内在高雅、清新、灵动而沉稳的气质，从而展现出独特的东方神韵之美。练习者可以逐渐培养出一种沉着、冷静、灵活和敏锐的精神状态，同时也可以提高自己的审美水平和艺术修养。

第七节　太极拳的对称文化

太极拳动作舒展大方、绵绵不断，在演练的过程中，开合、进退、动静、虚实融于一招一式中，在动作的变化和动态中强调对称协调。太极拳具有上下对称、阴阳平衡的特点，在太极拳的运动中，身体的各个部位和动作都在追求一种平衡状态，这种平衡状态达到内外兼修、强身健体的效果。

太极拳要求上下以及肢体左右的对称，彼此相随，协调配合，不仅体现在动作的练习中，也贯穿在太极拳的理论中。人体是一个复杂的系统，身体的各个部位之间需要相互配合、协调一致，才能实现身体的动态平衡和稳定。比如“虚领顶劲，气沉丹田”就是练好太极拳上虚下实的总要求，有升有沉、上下虚实对称，才能做到上体的松活圆转，下体的固若磐石。

太极拳中的对称不仅包括肢体动作的对称，还包括呼吸与动作的协调、身法、步法、手法和眼神的变换等。在练习时，要求身体的各个部位如四肢、躯干等都要按照规定的动作要领进行运动，同时要求动作的速度、力度、方向等都要保持一定的对称性。此外，还要求呼吸与动作的协调，即吸气时放松，呼气时用力，以及身体重心的转移等。同时，太极拳还强调“内外合一”，即身体内部的运动与外部的动作要保持协调一致。例如，当一只手向前推出时，另一只手要向后拉，同时还要配合呼吸，使身体的内部和外部达到和谐统一的状态。这种内外合一的思想还体现在太极拳的理论中，如“以意领气”“以气运身”等。总之，对称结构贯穿在练习和理论中，是太极拳的核心之一。通过练习对称的动作和掌握呼吸与动作的协调，可以使身体的各个部位更好地配合和协调，从而提高身体的灵活性和稳定性。

第八节　太极拳比类取象思维特征

比类取象思维是中国传统文化中特有的认知模式之一，它以比喻的方式说明事物的本质特征，这种思维方法在中国古代的文学、哲学、医学等领域都有广泛的应用。比类取象思维的核心是通过建立不同事物的“象”之间的比喻关系，来巧妙地揭示出事物的本质特征，注重通过“象”的相似性来达到对事物本质的理解。

太极拳是一种强调取象于天的古老拳术，其中包含了对自然规律的深刻理解和认识。在太极拳的思维模式中，运用比类取象的方法来理解和描述太极拳的运动规律。这种方法将太极拳的动作与自然现象进行类比，通过模仿自然现象来达到调节身体状态和意念的目的（图 1-9），从而对动作的内涵和意义有更深刻的理解。像太极拳中的“云手”动作，模仿了云彩在空中飘动时的形态，通过身体的左右转动和手臂的摆动，来调节身体的协调性和意念的专注度。再如太极拳行云流水般的运动特点，体现在动作的自然和流畅上，“行云”也意味着练习者应该做到轻盈、空灵，像云朵一样轻盈自由。“流水”则体现在太极拳的节奏和流畅性上。太极拳的动作是有节奏的、流畅的、不停顿的、就像流水一样。在练习时，练习者应该掌握这种行云流水般的节奏，使每一个动作都连贯自然。

手挥琵琶

白鹤亮翅

图 1-9　太极拳比类取象思维特征

比类取象思维能够使太极拳的练习更具趣味性和形象性，提高练习者的兴趣和动力，同时也可以使练习者更好地理解和记忆太极拳的原理和技巧，增强技能水平，并传递中国传统文化中的价值观和哲学思想。

第九节　太极拳的整体性

太极拳的整体性是指对练习者身心状态的综合调节和全面提升。它强调将身体作为一个整体来理解和对待，不仅包括外部的身体形态和动作的协调，还包括内部的呼吸、意念、精神状态等方面的平衡和稳定。具体来说，太极拳中的整体观念主要体现在以下几个方面。

（1）身法、步法、手法、眼法等的协调统一：太极拳要求练习者的身法、步法、手法、眼法等要素要协调统一，相互配合。这样不仅使身体的各个部位能够协同工作，同时也可以更好地发挥身体的整体作用。

（2）呼吸与动作的配合：太极拳要求练习者的呼吸与动作密切配合。通过调节呼吸频率和深浅，可以使身体的动作更加流畅自然，同时也有助于提高身体的耐力和灵活性。

（3）意念的集中与放松：太极拳要求练习者在练习过程中保持意念集中，同时身心要放松。通过调节意念和放松身体，可以更好地调节身体的各个系统，使身体的整体状态得到更好的平衡。

（4）内在修养与外在表现的统一：太极拳强调内在修养与外在表现的统一。在练习过程中，不仅要注意身体的动作和呼吸等外在表现，还要注重培养内在的品德和修养，如谦虚有礼、持之以恒等。

太极拳中的整体观念旨在通过综合调节练习者的身心状态，达到内外兼修、形神兼养的目的，最终实现身体的整体平衡和健康。

第二章　技术篇

第一节　1—3 式　起势、野马分鬃、白鹤亮翅

正面动作示范 1.1　背面动作示范 1.2

一、起势

1. 动作学习

（1）左脚开步：屈膝，重心右移，左脚由脚后跟、脚掌、脚尖依次上提向左横开半步，与肩同宽，然后由脚尖、脚掌、脚后跟依次下落，重心缓缓地移向两腿之间，两脚尖向正前方（图 2-1）。

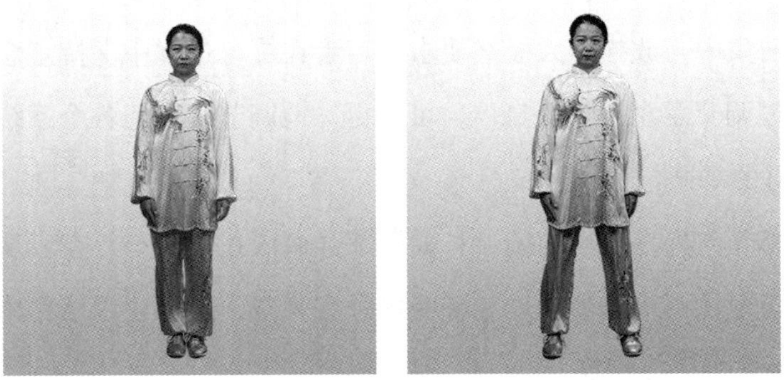

图 2-1　左脚开步

（2）两臂掤举：旋肩、转臂，由肩、肘、腕、指依次上举至与肩同宽、同高（图 2-2）。

（3）屈膝按掌：由肩、肘、腕、指依次向下按于腹前，掌心向下，指尖向前（图 2-3）。

图 2-2 两臂掤举

图 2-3 屈膝按掌

2. 动作重、难点

重点：保持身体重心的平稳。

难点：注意身体形态的变化。

3. 动作要领

两臂上掤和下按时以肩带肘、肘带手，伴随着含胸拔背、松腰敛臀、松膝开胯的身体形态的引导，带动四肢的运动。

4. 易犯错误及纠正方法

错误：

（1）两手配合不协调；

（2）体操式动作；

（3）提肩、挺胸、翘臀。

纠正方法：

（1）跟口令分步完成；

（2）定点定势，提取关键字进行练习；

（3）身体放松练习。

5. 练习方法

以意导动，意想身体运动过程中动作如行云流水般。

二、野马分鬃

1. 动作学习

左野马分鬃：

（1）收脚抱球：重心右移，收左脚至右脚内侧，左脚尖着地；右手向上画弧，左手向下画弧，做抱球动作，右掌与肩同高，左掌与腹同高，两掌心相对，肘关节下垂（图 2-4）。

图 2-4　收脚抱球

（2）弓步分掌：身体微微左转，左脚向左斜前方上步，脚后跟着地，重心在后，两手臂保持在身体右侧相和；重心缓缓地移向两腿之间成弓步，两手臂做分掌动作，左掌向前，指尖向上，食指尖与鼻尖相对，右掌下按至右胯旁约一拳的距离，掌心向下，指尖向前（图 2-5）。

图 2-5　弓步分掌

右野马分鬃：

（1）后坐翘脚：重心后移，左脚外摆，身体微微左转，左掌下翻。

（2）跟步抱球：重心前移至左脚，在保持上体姿势不变的条件下，右脚向前跟步至左脚内侧，脚尖点地，同时右掌向前合住抱球（图 2-6）。

图 2-6　跟步抱球

（3）弓步分掌：身体微微右转，右脚向右斜前方上步，脚后跟着地，重心在后，两手臂保持在身体左侧相和；重心缓缓地移向两腿之间成弓步，两手臂做分掌动作，右掌向前，指尖向上，食指尖与鼻尖相对，左掌下按至左胯旁约一拳的距离，掌心向下，指尖向前（图 2-7）。

图 2-7　弓步分掌

2. 动作重、难点

重点：保持身体中正，上下动作协调一致。

难点：左右弓步之间身体重心的转换和上下肢动作的一致性。

3. 动作要领

抱球时两掌心相对，上手在胸前，下手在腹前；分掌时前手与鼻尖同高，后手按于胯旁，目视前手指尖方向。做跟步动作时重心保持在前腿，两手分掌时重心缓缓后移，目视前方。

4. 易犯错误及纠正方法

错误：

（1）两手掌心没相对，动作运行中配合不协调；

（2）提肩、抬肘、挺胸；

（3）重心转换不清晰；

（4）前手过高或过低。

纠正方法：

（1）跟随语言提示练习；

（2）呼气放松练习。

5. 练习方法

借助于口令，提取关键字记忆进行练习：收脚抱（球）、上步合（掌）、弓步分（掌）、后坐翻（掌）、跟步抱（球）、上步合（掌）、弓步分（掌）……

三、白鹤亮翅

1. 动作学习

（1）跟步抱球：重心前移，右脚向前跟半步抱球，重心保持在前（图 2-8）。

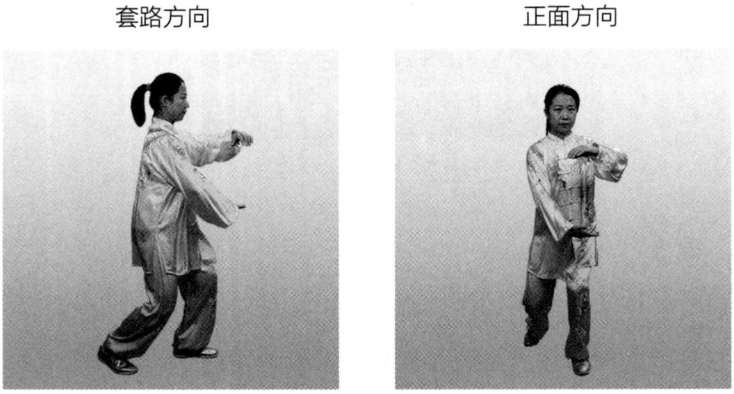

图 2-8　跟步抱球

（2）转身后坐：重心缓缓地移向右腿，右掌经脸前上提至身体右侧，掌心向左，左掌收于右肘关节内侧（图 2-9）。

（3）虚步分掌：右掌保持不变，左掌向下经腹前落于左胯旁约一拳的距离，掌心向下，指尖向前，左脚尖虚点地面，重心保持在右（图 2-10）。

套路方向 正面方向

图 2-9 转身后坐

套路方向 正面方向

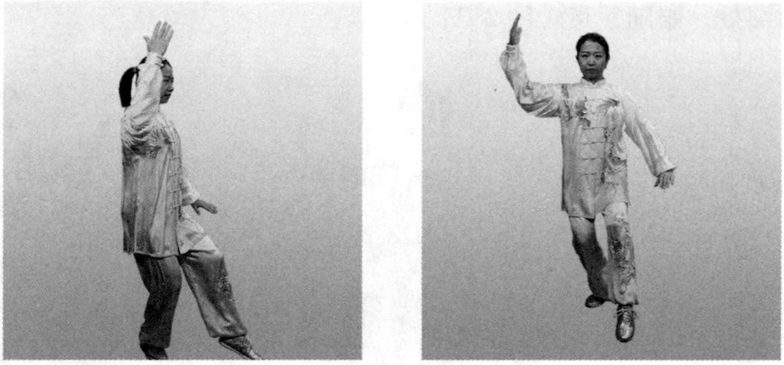

图 2-10 虚步分掌

2. 动作重、难点

重点：身体重心的转化。

难点：上肢动作与重心转换之间的协调配合。

3. 动作要领

跟步时重心保持在左腿，两手分掌时重心缓缓后移，目视前方。

4. 易犯错误及纠正方法

错误：

（1）跟步时掌握不好重心，失去平衡；

（2）重心转换时上下肢不能协调完成。

纠正方法：

（1）多练习双腿的重心转换；

（2）将动作分为三步完成，先分解做，再完整做。

5. 练习方法

三步走，注意身体重心的转换以及转换过程中上肢动作的协调配合。

第二节　4 式　搂膝拗步

正面动作示范 2.1

背面动作示范 2.2

1. 动作学习

（1）挥臂起手，丁步托掌：腰部左旋，带动右手臂向左画弧，然后腰部右旋带动左手臂向右画弧，左脚收至右脚内侧，脚尖点地，右手臂从右斜后方上举托掌，右掌心向上，与耳同高，左掌放于右肘窝处，眼随手走（图 2-11）。

图 2-11　挥臂起手，丁步托掌

（2）屈臂上步按掌：屈右臂至右耳侧，左掌自然下按，左脚向左斜前方上步，脚后跟着地，重心保持在右，身体姿势微微向右保持不变（图 2-12）。

（3）弓步搂膝前推：重心前移，腰部左旋，带动左手臂从膝前搂过，置于左胯旁，右掌从耳侧顺势向前推，与肩同高，力达掌跟，指尖向上，肘关节下垂（图 2-13）。

图 2-12　屈臂上步按掌

图 2-13　弓步搂膝前推

（4）右搂膝拗步：完整右搂膝拗步如图 2-14 所示。

图 2-14 右搂膝拗步

（5）左搂膝拗步：完整左搂膝拗步如图 2-15 所示。

2. 动作重、难点

重点：搂膝拗步动作拦、搂、推技法。

难点：搂膝拗步左右弓步的转换。

3. 动作要领

搂膝推掌时，以腰带动手臂整体运动，推掌时与躯干成对拉力。

4. 易犯错误及纠正方法

错误：

（1）起手时手臂过屈；

（2）搂膝动作没有体现出来。

纠正方法：

（1）肘关节自然下垂；

（2）步法略微放低，转腰带动手臂完成搂推动作。

图 2-15　左搂膝拗步

5. 练习方法

初学者根据十字口令（屈臂、按掌、伸腿、搂膝、推掌）和五字口令（屈、按、伸、搂、推）结合动作进行初步记忆，然后再结合太极拳柔和缓慢的运动特点来进行练习。

第三节　5—6 式　手挥琵琶、倒卷肱

正面动作示范 3.1　背面动作示范 3.2

一、手挥琵琶

1. 动作学习

（1）跟步松臂：重心前移，右脚向前跟半步，左手臂放松，保持重心在前（图 2-16）。

（2）后坐挑掌：重心后移至右腿，左手臂向前做挑掌动作，右掌收至左肘内侧

（图 2-17）。

（3）蹬脚合掌：左脚以脚后跟为着力点做蹬脚动作，左右掌同时向身体中线做合掌动作（图 2-18）。

图 2-16　跟步松臂

图 2-17　后坐挑掌

图 2-18　蹬脚合掌

2. 动作重、难点

重点：理解身体外形中的三合。

难点：内三合的运用。

3. 动作要领

结合心、意、气、力的内意活动，做到以意导动，外部动作做到手与足合、肘与膝合、肩与髋合。

4. 易犯错误及纠正方法

错误：

（1）重心转移不明显；

（2）手脚配合不一致；

（3）手的位置姿势不对。

纠正方法：

（1）多练习身体重心的转换；

（2）定点定势静力练习。

5. 练习方法

分三步去完成，单独练习身体重心的转换，然后再结合上肢动作做完整练习。

二、倒卷肱

1. 动作学习

右倒卷肱：

（1）转身展臂：身体微微右转，右手臂向下经腹前向右斜后方伸展，与耳同高，眼随手走（图 2-19）。

（2）屈臂退步：屈右臂，左掌上翻，左脚向斜后方退步（图 2-20）。

（3）虚步推掌：右掌经左掌心上交叉推掌，左掌收至腹前，掌心向上（图 2-21）。

图 2-19　转身展臂

图 2-20　屈臂退步

图 2-21　虚步推掌

（4）左倒卷肱：完整左倒卷肱如图 2-22 所示。

图 2-22　左倒卷肱

（5）倒卷肱：完整倒卷肱如图 2-23 所示。

2. 动作重、难点

重点：退步推掌时的协调一致。

难点：退步推掌时，身体重心的转换。

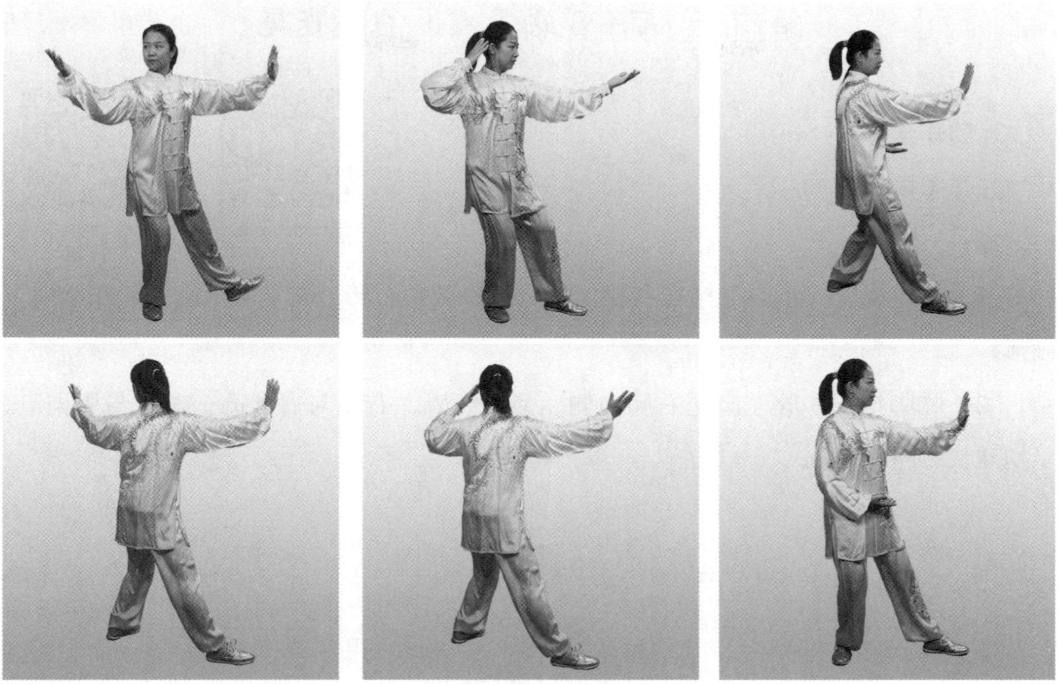

图 2-23　倒卷肱

3. 动作要领

脚到手到，手到眼到，以意导动。

4. 易犯错误及纠正方法

错误：

（1）重心转移不明显，手脚配合不一致；

（2）转身展臂时没有经过腹前上起；

（3）前推时两手分离进行。

纠正方法：

（1）定点定势静力练习；

（2）分动进行练习；

（3）默念口令提示练习。

5. 练习方法

初学者根据八字口令（屈臂、翻掌、退步、推掌）和四字口令（屈、翻、退、推）结合动作进行初步记忆，然后再结合太极拳柔和缓慢的运动特点来进行练习。

第四节　7—8 式　左、右揽雀尾

正面动作示范 4.1　背面动作示范 4.2

1. 动作学习

左揽雀尾：

掤：

（1）转体绕臂：重心保持在右腿，然后身体微微右转，右掌向上画弧，左掌向下画弧。

（2）收脚抱球：收左脚至右脚内侧，两手绕臂，右掌与肩同高，左掌与腹同高，呈抱球状（图 2-24）。

图 2-24　收脚抱球

（3）转体上步：身体微微左转，左脚向左斜前方上步，重心保持在后。

（4）弓步掤臂：重心缓缓地移向两腿之间，左手臂自下而上做掤臂动作，大拇指向上，与鼻尖同高；右掌向下按掌至右胯旁（图 2-25）。

图 2-25　弓步掤臂

捋：

（1）两臂前伸：腰部左旋，两手旋臂，左掌下翻，右掌上翻并自下而上经腹前落于左肘内侧，重心不变（图 2-26）。

（2）转体后捋：重心后移，以腰带臂，后坐捋手经腹前至右斜后方，与耳同高，掌型不变，重心在右（图 2-27）。

图 2-26　两臂前伸

图 2-27　转体后捋

挤：

（1）转身搭手：身体左转，右掌搭左掌手腕，左掌在外，掌心内翻，右掌在内，掌心外翻，重心依然保持在右（图 2-28）。

（2）弓步前挤：重心缓缓地移向两腿之间成弓步，两手臂随身体掤住的劲力向前挤出（图 2-29）。

图 2-28　转身搭手

图 2-29　弓步前挤

按：

（1）两臂前伸：两掌十字交叉平分与肩同宽，掌心向下（图 2-30）。

（2）屈肘后坐：重心后移，后坐翘脚，屈肘引手（图 2-31）。

图 2-30　两臂前伸

图 2-31　屈肘后坐

（3）弓步前按：两掌经肩前向下向前按出，力达掌根（图 2-32）。

图 2-32　弓步前按

右揽雀尾：

（1）转体收脚抱球：后坐翘脚，重心在后，然后向右转身转脚，左脚以脚后跟为轴内扣，重心左移，收右脚和右手，抱球（图 2-33）。

图 2-33　转体收脚抱球

（2）两臂上掤：身体微微右转，右脚向右斜前方上步，弓步掤臂（图 2-34）。

图 2-34　两臂上掤

（3）转身后捋：两手旋臂，左手自下而上经腹前放于右肘关节内侧，然后重心后移，以腰带臂，后坐捋手至左斜后方，掌型不变（图 2-35）。

图 2-35　转身后捋

（4）弓步前挤：身体右转，左手搭右手手腕，右手在外，左手在内，弓步前挤（图 2-36）。

图 2-36　弓步前挤

（5）弓步前按：两掌十字交叉平分与肩同宽，屈肘后坐，两掌经肩前向下向前按出（图 2-37）。

图 2-37　弓步前按

2. 动作重、难点

重点：掤、捋、挤、按四大技法。

难点：每个技法之间的衔接。

3. 动作要领

每个动作都在走圆形或者弧形的路线，这是因为从运动轨迹上来看，圆是自然界最不容易擒拿的形体，也是最能化解来力的形状之一，所以身法、步法、手法都在走弧形、圆形。

4. 易犯错误及纠正方法

错误：

（1）上步上掤时后腿容易出现跪膝；

（2）下捋动作路线不清晰；

（3）前挤时身体容易前倾；

（4）前按时身体过直。

纠正方法：

（1）固定膝关节练习动作，步子不宜过大；

（2）下捋时弧形运动；

（3）先转体掤住身体做前挤动作；

（4）松腰、气沉。

5. 练习方法

双人练习四正手，体会掤、捋、挤、按四法。

第五节 9—11式 单鞭、云手、单鞭

正面动作示范 5.1　背面动作示范 5.2

一、单鞭

1. 动作学习

（1）后坐云手：后坐，重心缓缓地移向左腿，以右脚后跟为轴向内扣脚，左掌外旋画弧经脸前向左云手至左斜前方，右掌向下画弧经腹前向左云手捧于左肘关节（图 2-38）。

图 2-38　后坐云手

（2）丁步勾手：重心缓缓地移向右腿，右掌向上经脸前向右画弧至右斜前方，左掌向下经腹前向右画弧捧于右肘关节，收左脚至右脚内侧，右手掌变勾（图 2-39）。

图 2-39　丁步勾手

（3）弓步推掌：重心保持在右，左脚向左横开一步，左掌经脸前向左画弧，右勾手保持不变；然后重心移向两腿之间变弓步，左掌微微向下做劈掌动作，眼随左手移动（图 2-40）。

图 2-40　弓步推掌

2. 动作重、难点

重点：身体重心的转换。

难点：手型上掌变勾的变化。

3. 动作要领

在练习的过程中，注意虚实之间的变换，重心在左时，左边则为实，重心在右时，右边则为实，而移动的过程也就是重心转换的过程则为虚，在这个过程中也是一个蓄劲的过程。

4. 易犯错误及纠正方法

错误：

重心转换不能与手脚配合。

纠正方法：

分解练习。

5. 练习方法

先原地做上肢动作，再完整结合下肢动作练习。

二、云手

1. 动作学习

（1）后坐云手：重心后移，后坐翘脚，左掌向下画弧经腹前捧于右肘关节下，右手勾变掌（图 2-41）。

（2）收脚云手：重心缓缓地向左移动，左掌向上画弧经脸前云手至左斜前方，掌心向外，右掌向下画弧经腹前捧于左肘关节下，重心在左，收右脚，脚尖虚点地面（图 2-42）。

图 2-41 后坐云手

图 2-42 收脚云手

（3）开脚云手 ：重心缓缓地向右移动，右掌向上画弧经脸前云手至右斜前方，掌心向外，左掌向下画弧经腹前捧于右肘关节下，重心在右，收左脚，脚尖虚点地面（图 2-43）。

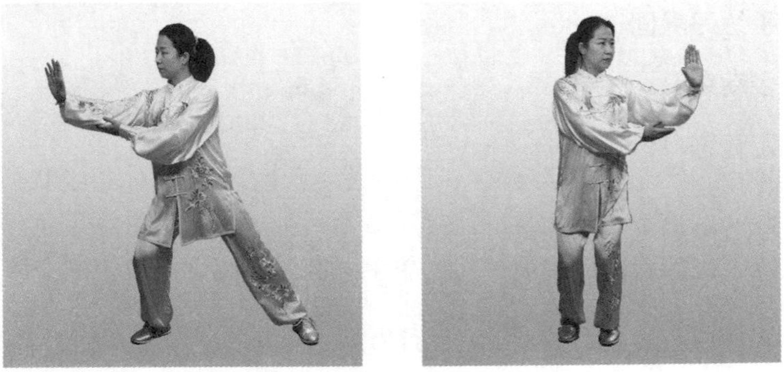

图 2-43 开脚云手

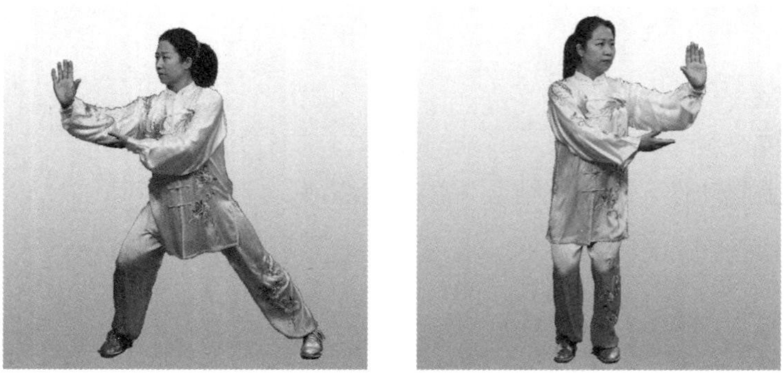

图 2-43　开脚云手（续）

2. 动作重、难点

重点：上下相随，左右相照，前后相对。

难点：云手左右手的协调与下肢动作的配合。

3. 动作要领

重心移向右腿，左脚尖点地，左手经腹前画弧至右肩前，右手变掌；随之重心移向左腿，右脚尖点地，身体左转左手经脸前画弧至左前方，右手经腹前至左肘下方。

4. 易犯错误及纠正方法

错误：

（1）身体不能保持平衡；

（2）左右手配合不协调；

（3）上下肢配合不协调；

（4）手的位置不到位。

纠正方法：

（1）加强手法步法的练习；

（2）单只手练习巩固；

（3）分解多动练习；

（4）定点定势练习。

5. 练习方法

固定好点位，比如脸前、腹前，然后单手画圆，熟练之后双手配合练习。

三、单鞭

（1）丁步勾手：重心缓缓地移向右腿，右掌向上经脸前向右画弧至右斜前方，左掌向下经腹前向右画弧捧于右肘关节，收左脚至右脚内侧，右手掌变勾（图 2–44）。

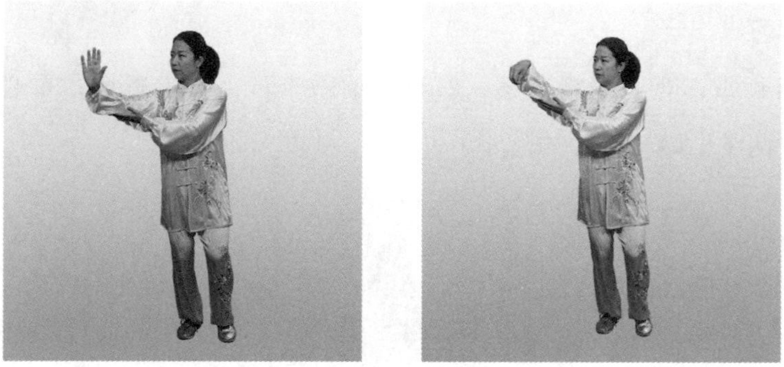

图 2-44　丁步勾手

（2）弓步推掌：重心保持在右，左脚向左横开一步，左掌经脸前向左画弧，右勾手保持不变；然后重心移向两腿之间变弓步，左掌微微向下做劈掌动作，眼随左手移动（图 2–45）。

图 2-45　弓步推掌

第六节 12—15 式 高探马、右蹬脚、双峰贯耳、转身左蹬脚

正面动作示范 6.1　背面动作示范 6.2

一、高探马

1. 动作学习

（1）跟步翻掌：重心缓缓前移，右脚向前跟半步，脚尖着地，重心保持在左腿，同时松肩垂肘两掌上翻（图 2-46）。

图 2-46　跟步翻掌

（2）虚步探掌：屈右臂，重心移向右腿，右掌经耳侧向前推，左掌收至腹前，掌心向上，左脚尖点地成虚步（图 2-47）。

图 2-47　虚步探掌

2. 动作重、难点

重点：推掌时与虚步的同步进行。

难点：动作转换时身体重心的变化。

3. 动作要领

屈臂时注意身体重心的变化，虚步探掌时重心保持在后。

4. 易犯错误及纠正方法

错误：

（1）推掌时手臂过直；

（2）重心转换不清晰。

纠正方法：

（1）根据技击含义去体会动作；

（2）一步一动分解练习。

5. 练习方法

先分三步进行上肢动作练习，再分三步进行下肢练习，最后上下肢每个口令结合起来进行练习。

二、右蹬脚

1. 动作学习

（1）收脚穿掌：身体微微右转，左脚提收至右脚内侧，同时左掌向前穿至右掌掌背，重心保持在右腿（图 2-48）。

图 2-48 收脚穿掌

（2）上步分掌：身体微微左转，左掌外翻，左脚向左斜前方上步，重心保持在后；然后重心前移，两掌向身体两侧画弧（图 2-49）。

图 2-49　上步分掌

（3）提膝合抱：两掌画弧交叉合抱于体前，蹬右脚时右手在外，同时提右膝，保持手部撑圆，肘膝相合（图 2-50）。

（4）蹬脚分掌：两掌向身体两侧画弧做分掌的动作，同时右脚勾起，力达脚跟，做蹬脚的动作；保持手臂和腿部一条线，目视蹬脚的方向（图 2-51）。

图 2-50　提膝合抱

图 2-51　蹬脚分掌

2. 动作重、难点

重点：上、下肢的协调与衔接。

难点：蹬脚的身体控制力。

3. 动作要领

在运动过程中，注意路线的运行，突出圆的运动特点、美的视觉感。

4. 易犯错误及纠正方法

错误：

（1）上下肢配合不协调；

（2）提膝角度不够；

（3）蹬脚分掌时两臂展开。

纠正方法：

（1）分解练习；

（2）提膝动作单独练习；

（3）原地站立分掌练习。

5. 练习方法

两手掐腰，提膝、勾脚、外展、蹬脚，保持身体中正，反复练习。

三、双峰贯耳

1. 动作学习

（1）收脚合掌：两掌相合与肩同宽同高，掌心向上；同时右脚收回，做提膝动作（图 2-52）。

（2）落手落脚：屈左膝，两手臂自然垂落至身体两侧，右脚向前伸出，脚后跟着地，重心保持在左腿（图 2-53）。

（3）弓步贯拳：两掌内旋握拳，从身体两侧向前、向上打出，与耳同高，两拳眼向内斜向下，沉肩垂肘，目视前方（图 2-54）。

图 2-52　收脚合掌

图 2-53　落手落脚

图 2-54　弓步贯拳

2. 动作重、难点

重点：贯拳时两手臂画弧打出。

难点：步型与手臂的协调配合。

3. 动作要领

弓步打拳时，两拳从腰间向外画弧前合，两拳眼相对斜向下。

4. 易犯错误及纠正方法

错误：

（1）提膝收脚时重心不平稳；

（2）上步时没有屈膝动作；

（3）弓步双贯时没有走弧线。

纠正方法：

（1）善用语言提示动作要点；

（2）上下肢分解练习。

5. 练习方法

先以掌代拳，从身体两侧向前做合手动作，待路线完善后再变拳做动作。

四、转身左蹬脚

1. 动作学习

（1）转身分掌：后坐翘脚，以右脚脚后跟为轴，右脚内扣，向左转身，同时两拳变掌（图 2-55）。

图 2-55　转身分掌

（2）提膝合掌：重心右移，两掌向两侧画弧，提左膝，两掌合抱于胸前，左掌在外（图 2-56）。

（3）蹬脚分掌：两掌向身体两侧画弧做分掌的动作，同时左脚勾起，力达脚跟，做蹬脚的动作；保持手臂和腿部一条线，目视蹬脚的方向（图 2-57）。

图 2-56　提膝合掌

图 2-57　蹬脚分掌

2. 动作重、难点

重点：转身时身体重心的转换。

难点：蹬脚时的身体控制力。

3. 动作要领

身体左转，右脚内扣，两臂向外画弧合抱于胸前，提左膝，蹬脚分掌。

4. 易犯错误及纠正方法

错误：

（1）转身时脚内扣的角度不够；

（2）重心转换不稳；

（3）蹬脚与分掌动作不同步。

纠正方法：

可反复练习动作，以达到上下肢的协调一致，体会重心转换的要领。

5. 练习方法

先原地做重心转换接蹬脚，然后再结合转身转移重心带入动作。

第七节　16—17 式　左、右下势独立

正面动作示范 7.1

背面动作示范 7.2

一、左下势独立

1. 动作学习

屈膝下落时，重心保持在右腿，仆步穿掌时左掌贴近左腿内侧；提膝独立与挑掌

动作同时完成（图 2-58）。

图 2-58　左下势独立

套路方向

正面动作

图 2-58　左下势独立（续）

2. 动作重、难点

重点：上下肢动作的协调一致。

难点：仆步穿掌和提膝独立时的身体平衡力。

3. 动作要领

屈膝下蹲时先收脚收手，保持重心平稳，开步穿掌时手臂贴近腿部内侧，指尖朝前，提膝独立挑掌时保持肘膝相合，指尖不过鼻尖。

4. 易犯错误及纠正方法

错误：

（1）从下势向独立过渡时，重心没有由向前移动过渡到向上，而是做完仆步后立即上提重心，使双腿如撑开的圆规；

（2）提膝托掌的一侧没有松胯顺肩，另一侧的手没有坐腕按掌。

纠正方法：

（1）在从下势向独立过渡时，应确保重心由向前移动过渡到向上；

（2）在提膝托掌时，应确保一侧松胯顺肩，另一侧坐腕按掌。

5. 练习方法

先站立练习，上下肢动作协调一致后再下势练习，下势做动作时循序渐进。

二、右下势独立

1. 动作学习

屈左膝落右脚时，以左脚前脚掌为轴转动，身体随脚下的转动向左转，左手上起变勾手，重心移向左腿，仆步穿掌时右掌贴近右腿内侧；提膝独立与挑掌动作同时完成（图 2-59）。

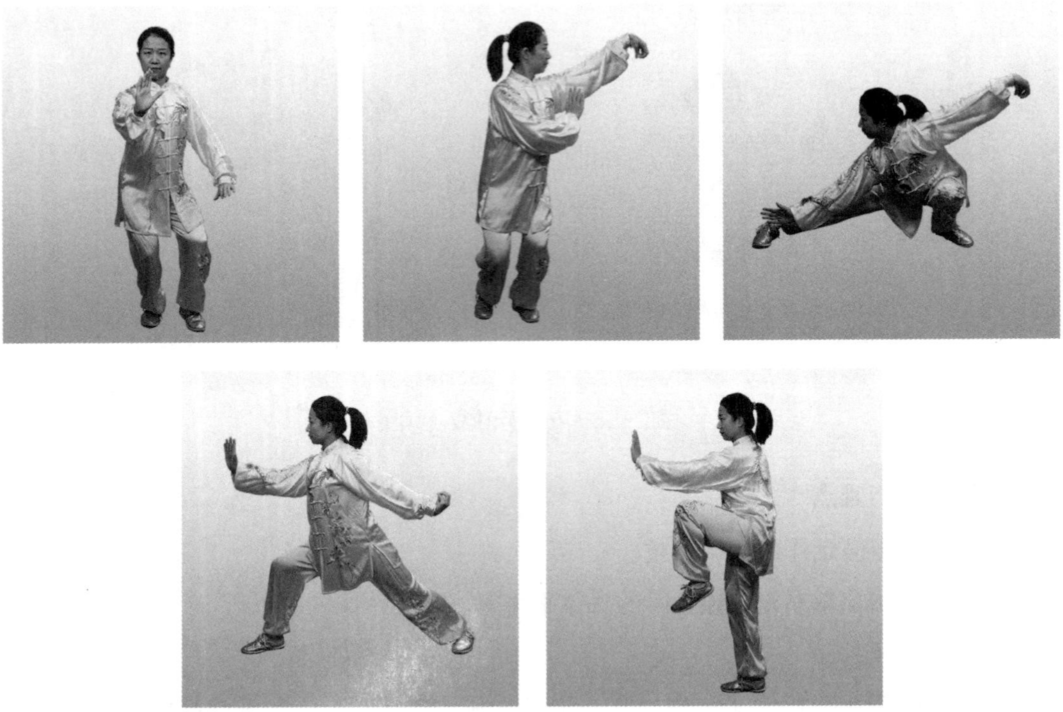

图 2-59　右下势独立

2. 动作重、难点

重点：左下势独立连接右下势独立时的衔接。

难点：两个动作连接间身体重心的转换。

3. 动作要领

动作衔接时身体与脚下的方向保持一致，以稳定身体平衡。

4. 易犯错误及纠正方法

错误：

重心转换与上肢配合不协调。

纠正方法：

将每个动作分解多遍练习。

5. 练习方法

同左下势独立。

第八节 18—20 式 左右穿梭、海底针、闪通臂

正面动作示范 8.1　背面动作示范 8.2

一、左右穿梭

1. 动作学习

（1）跟步合抱：屈膝，左脚向左斜前方迈步，右脚向前跟步成丁步，两手相合抱球，左手在上，右手在下，两掌心相对（图 2-60）。

套路方向　正面动作

图 2-60　跟步合抱

（2）弓步架推：随后身体右转，两手臂旋臂，右脚向前上步架推（图 2-61）。

（3）后坐翘脚：身体重心后移，右脚外摆（图 2-62）。

套路方向　　正面动作

图 2-61　弓步架推

套路方向　　正面动作

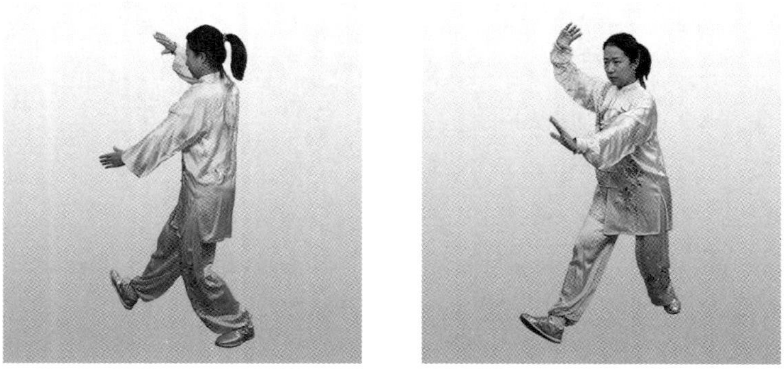

图 2-62　后坐翘脚

（4）丁步抱球：重心前移至右腿，左脚向前跟步，两手相合抱球（图 2-63）。

（5）弓步架推：左脚向左斜前方迈步，转移重心成弓步，两手臂旋臂向左斜前方做架推动作（图 2-64）。

套路方向　　　　正面动作

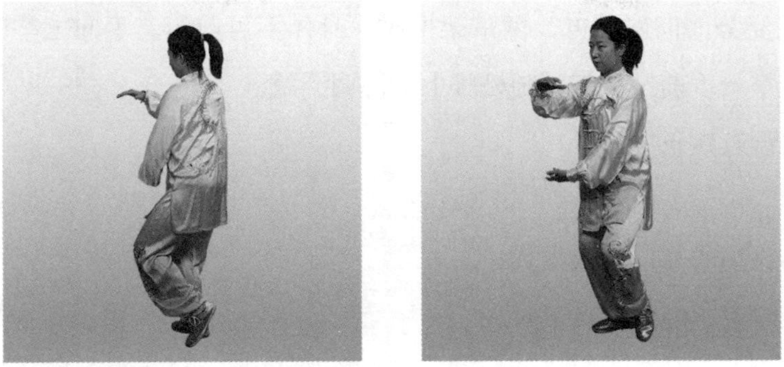

图 2-63　丁步抱球

套路方向　　　　正面动作

图 2-64　弓步架推

2. 动作重、难点

重点：动作的连贯性和稳定性。

难点：上下相合以及定势的稳定性。

3. 动作要领

注意完成姿势面向斜前方。两掌架推时，身体不可前俯。手向上举时，防止引肩上耸。一手上举一手前推要与弓腿松腰上下协调一致。

4. 易犯错误及纠正方法

错误：

（1）身体移动的高低起伏太大；

（2）架推时两掌的着力点不对。

纠正方法：

（1）教师提示身体平稳移动；

（2）利用技击含义去掌握动作。

5. 练习方法

双人练习，一人做劈掌动作，另一人一只手架掌格挡，同时另一只手做推掌，体会攻防动作。

二、海底针

1. 动作学习

（1）跟步落手：身体重心前移，右脚向前收拢半步，脚前掌着地，距前脚约一脚长。两手放松，开始画弧下落。眼看右手（图 2-65）。

（2）重心后移：右脚踏实，右腿屈膝，上体右转。右手下落经右胯侧屈臂抽提至耳侧，掌心向左，指尖向前，左手经体前向下画弧至腹前，掌心向下，指尖斜向右前方（图 2-66）。

套路方向

正面动作

图 2-65　跟步落手

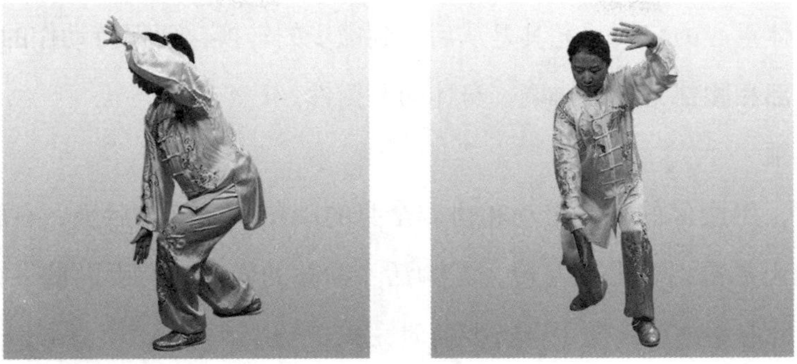

图 2-65　跟步落手（续）

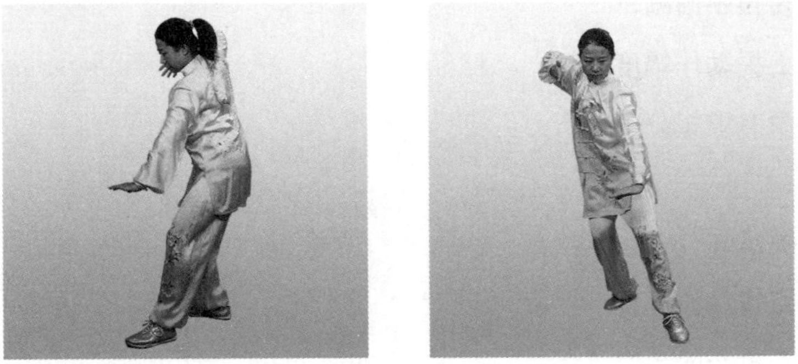

图 2-66　重心后移

（3）虚步插掌：上体左转并稍向前俯身。右手经耳侧向前下方斜插，掌心向左；左手经左膝前画弧搂过，落于左胯旁。左脚活步前移，脚尖着地成左虚步。右手向上抽提时应保持松肩垂肘。插掌时要从耳侧斜向前下方直插下去，右肩不要过分前倾，以免上体向左扭转（图 2-67）。

图 2-67　虚步插掌

2. 动作重、难点

重点：身体重心的转换，尤其是从后坐到虚步的转换，要保持动作的连贯和稳定。

难点：腿部和腰部力量的协调，身体的平衡性。

3. 动作要领

做动作时，用腰部的转动带动和协调全身的动作。在身体后坐、右转、重心右移的同时右手向上抽提；在上体左转、左脚活步前移的同时，右手向前下方斜插；定式时，形成虚步、右手下插、左手下按要同时完成。

4. 易犯错误及纠正方法

错误：

（1）重心转换不清晰；

（2）手臂上提动作幅度不够；

（3）虚步没有虚实分明。

纠正方法：

（1）语言提示；

（2）点对点找动作位置；

（3）把握好重心的转换。

5. 练习方法

两腿前后分开，先体会重心前后的变化，再加上肢动作协调配合，柔和流畅地完成。

三、闪通臂

1. 动作学习

（1）收脚搭手：上体右转并恢复正直，右手上提，指尖朝前，掌心向左。左手屈臂收举，指尖贴近右腕内侧。左脚收至右小腿内侧。眼看前方（图 2-68）。

（2）上步转身：上体再稍右转，左脚向前迈出一步，脚跟着地（图 2-69）。

（3）弓步架推：重心前移，左脚踏实，左腿屈弓，右腿自然蹬直成左弓步。左手推至体前，与鼻尖对齐。右手撑于头侧上方，掌心斜向上，两手前后分展。眼看左手（图 2-70）。

图 2-68 收脚搭手

图 2-69 上步转身

图 2-70 弓步架推

2. 动作重、难点

重点：顺弓步推掌，上下肢的配合协调一致，同时到位。

难点：右腿控制身体重心时保持身体的平衡性。

3. 动作要领

步子不可过宽，前手、前腿上下相对，弓步与推掌方向皆为正前方。上体不可过分扭胯侧身，做成侧弓步。

4. 易犯错误及纠正方法

错误：

（1）两手相搭时没有以手腕相交；

（2）架推时两掌的位置偏离主线；

（3）弓步在一条线失去平衡。

纠正方法：

（1）左掌与腿保持在一条线；

（2）架掌的手臂以防守保护额头为架撑点。

5. 练习方法

通过调整身体重心维持步法的稳健，以保持身体平衡和动作的连贯流畅。另外通过腿部力量的加强，以保证身体支撑力。

第九节　21—24 式　转身搬拦捶、如风似闭、十字手、收势

正面动作示范 9.1　　背面动作示范 9.2

一、转身搬拦捶

1. 动作学习

（1）转体握拳：身体重心移至右腿上，左脚尖里扣，身体向后转，右手握拳，拳眼朝下（图 2-71）。

图 2-71　转体握拳

（2）踩脚搬拳：右臂向下向左内画弧，提膝踩脚搬拳，右脚后跟着地，重心留在左腿（图 2-72）。

（3）上步拦掌：随后左脚向前跟步，脚尖点地，双手向外画弧，右手握拳收于腰间，左手向前拦掌（图 2-73）。

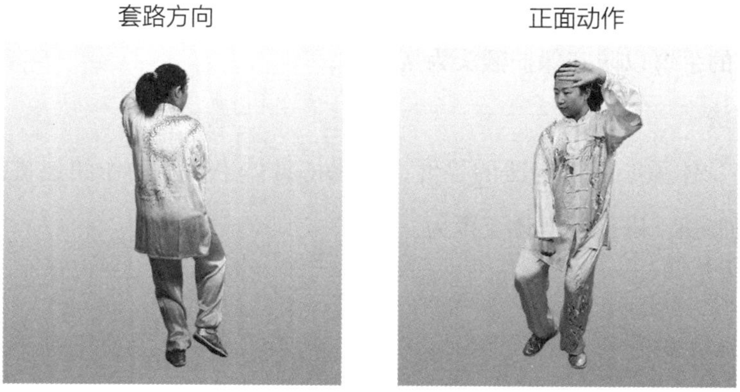

图 2-72　踩脚搬拳

套路方向　　正面动作

图 2-72　踩脚搬拳（续）

套路方向　　正面动作

图 2-73　上步拦掌

（4）弓步捶打：左脚向前上步成弓步，右拳从腰间冲出，力达拳面（图 2-74）。

套路方向　　正面动作

图 2-74　弓步捶打

2. 动作重、难点

重点：上下肢动作的协调一致。

难点：身体的平稳和连贯。

3. 动作要领

右拳回收时，前臂要慢慢内旋画弧，然后再外旋停于右腰旁，拳心向上。向前打拳时，右肩随拳略向前引伸，沉肩垂肘，右臂要微屈。

4. 易犯错误及纠正方法

错误：

（1）手臂动作走直线；

（2）拳掌的位置定点错误。

纠正方法：

（1）太极拳非圆即弧，告知学生太极拳特点，时刻谨记；

（2）重复单个动作练习。

5. 练习方法

先上肢动作练习双手的协调性，再通过下肢重心转换练习提高身体的平衡性，最后再上下肢动作结合起来，一步一动进行完整动作练习，以达到身体的协调和动作的流畅。

二、如风似闭

1. 动作学习

（1）后坐收掌：左掌经右手腕向前穿出，与肩同宽，重心后移，后坐翘脚，屈肘收至肩前（图 2-75）。

图 2-75　后坐收掌

（2）弓步按掌：两手在胸前翻掌、向下，经腹前再向上、向前推出成弓步，腕部约与肩平，手心向前，目视前方（图 2-76）。

图 2-76 弓步按掌

2. 动作重、难点

重点：身体重心的转换。

难点：身体平衡的维持。

3. 动作要领

步法要保持稳定，不要出现左右摇晃或上下起伏的情况，做到手眼身法步的协调一致。

4. 易犯错误及纠正方法

错误：

（1）重心转换不清晰；

（2）两臂开臂过大；

（3）手臂动作没有弧线运行。

纠正方法：

（1）教师语言提示；

（2）点对点找动作位置；

（3）把握好重心的转换。

5. 练习方法

双臂随身体回收时，松肩沉肘，体会身体的整体运动原则。

三、十字手

1. 动作学习

（1）转体展臂：后坐翘脚，重心移向右腿，左脚内扣，右脚尖外撇，右手随身体的转动向右平摆画弧，与左手成两臂侧平举（图 2-77）。

图 2-77　转体展臂

（2）收脚合手：随后重心逐渐移向左腿，右脚尖内扣，收回至与肩同宽成开立步，两手十字交叉合抱于胸前，右手在外（图 2-78）。

图 2-78　收脚合手

2. 动作重、难点

重点：动作转换过程中保持身体中正，不偏不倚。

难点：脚下移动时身体重心的变换。

3. 动作要领

右手先沉肩垂肘，然后以肘带手顺势下沉，十字交叉时要沉肩垂肘，双腕相交，同时身体保持中正，不要前倾或后仰。

4. 易犯错误及纠正方法

错误：

（1）夹肩，身体不放松；

（2）两臂下落时肩肘腕没有依次下落。

纠正方法：

（1）呼气使身体放松；

（2）教师语言提示慢速练习。

5. 练习方法

先上下肢分解动作练习，默念身型保持中正的动作要领，针对重心转换，以脚后跟为轴，单独练习脚的撵动。

四、收势

1. 动作学习

重心落于两腿之间，两掌外翻，手心向下，慢慢落于两腿外侧，并步还原（图 2-79）。

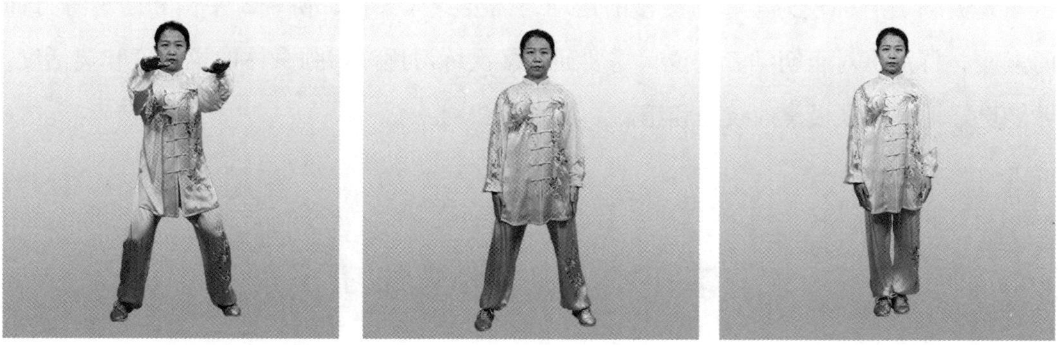

图 2-79 收势动作

2. 动作重、难点

重点：身体各部位的动作连贯协调。

难点：呼吸与动作的配合要协调一致。

3. 动作要领

身体由起势的“无极”状态逐渐回归到“太极”状态，达到一种“无为”的境界。身体自然直立，虚领顶劲，精神提起，意念集中。

4. 易犯错误及纠正方法

错误：

（1）夹肩，身体不放松；

（2）两臂下落时肩肘腕没有依次下落。

纠正方法：

（1）呼气使身体放松；

（2）教师语言提示慢速练习。

5. 练习方法

配合深呼吸随动作完成。

第三章　专项身体素质篇

太极拳是一种较为柔和而缓慢的运动，需要身体柔韧、协调、平衡和耐力等方面的素质。特别是对于初学者来说，需要通过多次练习逐渐增强身体的柔软度和灵活度，才能更好地掌握太极拳的技巧和精髓。

第一节　腿部力量练习

太极拳的动作需要有一定的力量支撑，因此需要练习者具备一定的基础力量，特别是腿部力量，它对保持身体的平衡和稳定起到至关重要的作用。腿部是身体的根基，支撑着身体的重量并保持平衡，腿部力量的强弱直接影响到身体的稳定性和灵活性。腿部力量不足会导致身体摇晃、姿势不正、动作不协调等问题，从而影响到太极拳的练习效果，例如虚实转换、重心移动、转身等，而腿部力量的发挥能够使动作更加流畅、协调和有力。

练习方法：站立抬腿

（1）动作过程：面对垫子站立，双手自然放松，如图 3-1（a）所示；然后缓慢抬起左腿，尽量保持与地面平行，如图 3-1（b）所示；然后左腿向上蹬地，右腿提起与髋同高，如图 3-1（c）所示；保持几秒钟后再缓慢放下，如图 3-1（d）所示。

（2）控制节奏：注意控制节奏和速度，不要过快或过慢。保持稳定的呼吸和动作。

（3）重复练习：建议每组左、右腿各 10~15 个，共 5 组，逐渐增加次数和难度。

（4）保持平衡：在蹬地的过程中，要保持身体的平衡和稳定。

（5）注意呼吸：在练习过程中，要注意呼吸的配合和控制。在蹬地时吸气，然后在落地时呼气，以帮助提升锻炼效果。

正面动作　　侧面动作

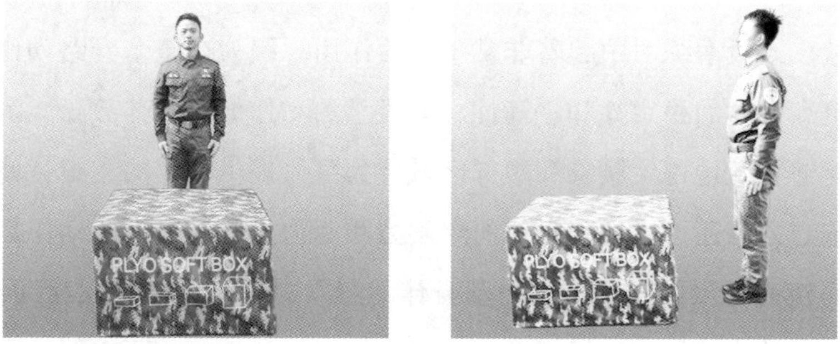

(a)

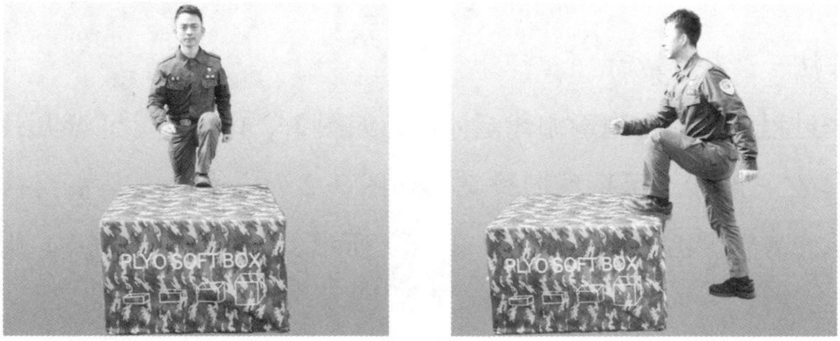

(b)

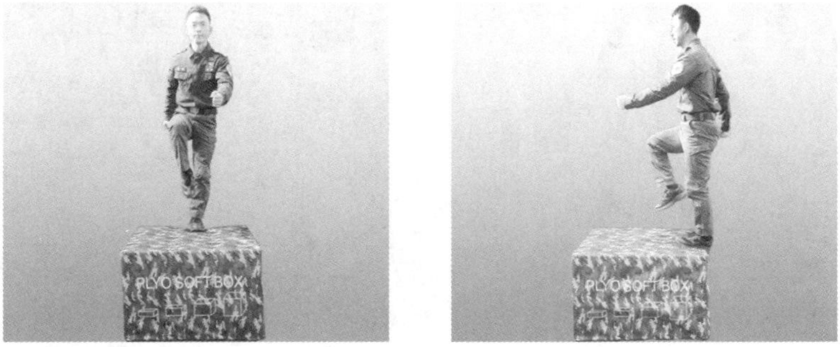

(c)

(d)

图 3-1　站立抬腿

第二节 核心力量练习

核心力量在太极拳练习中起着非常重要的作用。因为在整个套路动作运行中，核心力量能够提高身体的稳定性和平衡性。太极拳的动作要求身体放松、沉稳，而核心力量的发挥能够有效地稳定腰部和腹部区域，为身体提供稳定的支撑，使动作更加协调和有力。核心力量还可以增强身体的爆发力和耐力，因太极拳的动作需要有一定的力量支撑，而核心力量的提高能够增强身体的爆发力和耐力，不仅使动作更加流畅、协调和持久，而且能够有效地提高身体的柔韧性和灵活性，从而更好地掌握太极拳的技术和精髓。

1. 练习方法一：左右转动

（1）动作过程：双手合抱瑜伽球至体前，如图 3-2（a）所示；然后用腹部和腰部力量带动身体左右旋转，保持球的稳定，如图 3-2（b）所示；然后身体还原，如图 3-2（c）所示，另一侧循环往复如图 3-2（d）所示。在转身的过程中，保持双腿和双脚的稳定。

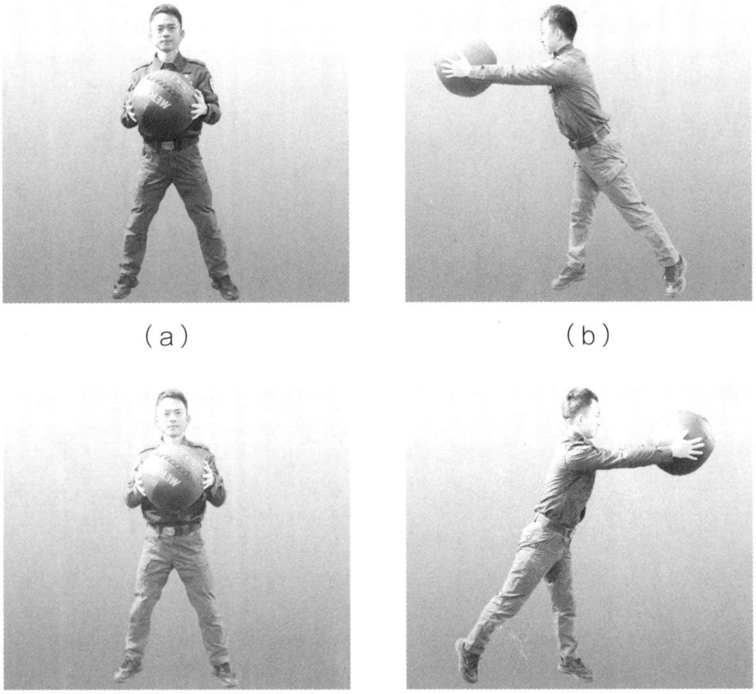

（a） （b）

（c） （d）

图 3-2 左右转动

（2）控制节奏：左右转身时，要注意控制节奏和速度，不要过快或过慢。保持稳定的呼吸和动作。

（3）重复练习：每次练习左右转身 10~15 次，逐渐增加次数和难度。

（4）保持平衡：在左右转身的过程中，要保持身体的平衡和稳定。注意保持腰部的挺直和腹部的紧绷感，这有助于控制身体的转动和维持稳定性。

（5）注意呼吸：在练习过程中，要注意呼吸的配合和控制。转身吸气，然后再转身呼气，有助于锻炼效果的提升。

2. 练习方法二：左右抱球

（1）动作过程：双脚自然分开，与肩同宽。双手放在胸前，掌心相对，握住一个瑜伽球。保持身体直立，放松肩膀和背部，如图 3-3（a）所示；屈膝下蹲，旋转球体，双手上下抱球，如图 3-3（b）所示；左抱球，用腹部和腰部力量带动身体左旋转，同时左手抱住球并向左侧推出，如图 3-3（c）所示；收至合抱于腹前，如图 3-3（d）所示；右抱球，用腹部和腰部力量带动身体右旋转，同时右手抱住球并向右侧推出，如图 3-3（e）所示；还原收至腹前，如图 3-3（f）所示。在抱球的过程中，保持球的稳定和双手的协调配合。

（2）控制节奏：左右抱球时，要注意控制节奏和速度，不要过快或过慢。保持稳定的呼吸和动作。

（3）重复练习：每次练习左右抱球 10~15 次，逐渐增加次数和难度。

（4）保持平衡：在左右抱球的过程中，要保持身体的平衡和稳定。注意保持腰部的挺直和腹部的紧绷感，这有助于控制身体的转动和维持稳定性。

（5）注意呼吸：在练习过程中，要注意呼吸的配合和控制。抱球吸气，然后在展臂时呼气，帮助其提升锻炼效果。

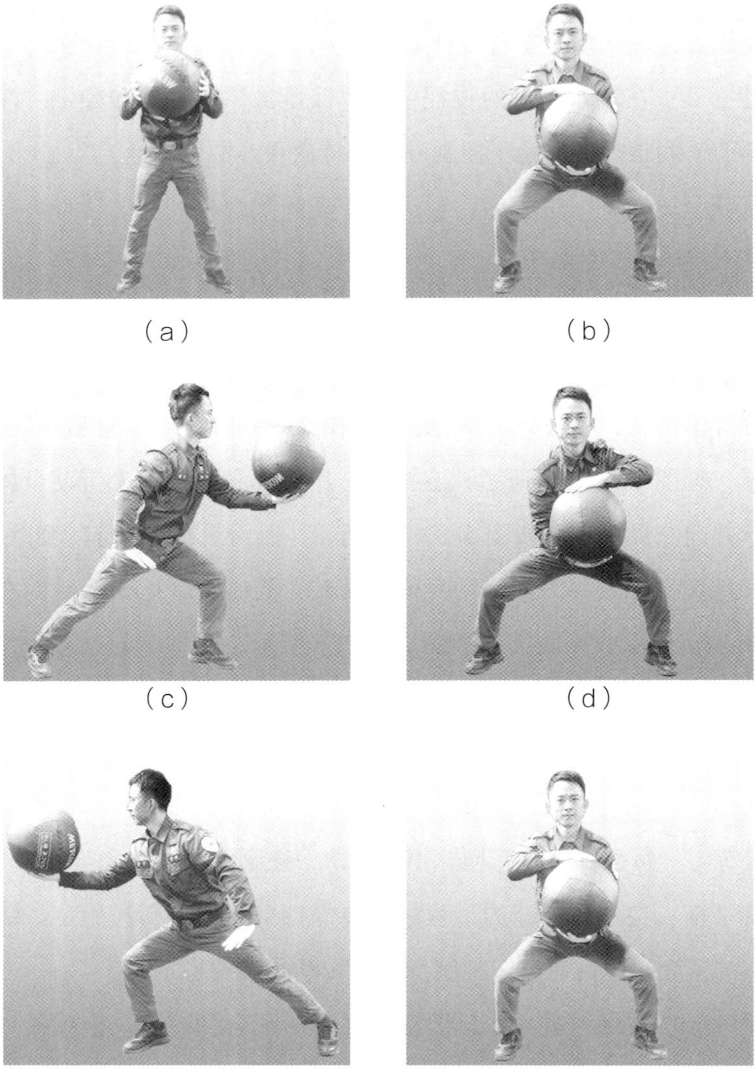

（a）（b）（c）（d）（e）（f）

图 3-3　左右抱球

第四章　教学设计案例篇

学习主题	24 式太极拳	实施学期	一学期	课时	18 学时
1. 主题概述 《太极拳》课程是为本科一、二年级学生开设的公共体育必修课，该课程以学习 24 式太极拳套路为主要技术内容，提高学生对身体的控制能力和协调能力；同时学习太极拳基础理论，全面培养学生对太极拳的兴趣并成为太极拳文化的践行者和传播者。					
2. 学情分析 上课对象是大学一、二年级学生，大部分为太极拳初学者，学生好动，思维敏捷，接受新事物速度快，善于研究和发现，但是，初级阶段学生还没有完全掌握运动项目的学习规律，对技能性运动项目的操作有一定的难度，随着练习次数的增多，学生会逐渐掌握学习规律，从而加强对项目的认知，提高学习效率。本课程采用理论联系实际的教学方法，在理论认知的基础上，激发学生学习的兴趣，积极投入技术学习中，最后将拳理带人实际生活中，引导学生积极地面对生活时事。					
3. 学习目标 （1）基本知识目标：使学生能够独立地进行技术动作的演练，领会太极文化内涵，完成基本知识目标。 （2）能力提高目标：以“身”去体悟太极拳理、哲理，以“心”去感悟中国文化的魅力。 （3）思政教育目标：增强学生的民族自信和文化自信，努力实现以德树人、以武育人的教育目标。					

续表

4. 教学过程				
课次	传统文化	学习内容	设计意图	思政要点
1	武术礼节 太极拳历史与文化、分类、风格特点	起势 野马分鬃 白鹤亮翅	由各国标志性运动引出中国太极拳运动，引导学生对我国传统文化的再认识，继而通过两种不同的太极概念对生活中的状态引起共鸣，引出学习本课程的意义。通过了解世界各国的礼仪形式、不同国家的文化，引出中国多见的行礼方式，从而加强对抱拳礼的认识，并通过“师父”典故的讲解，培养学生尊重师长、谦虚礼貌的优秀习惯。	引导学生懂得太极拳礼仪，培养以礼待人的习惯，潜移默化中感悟传统文化的魅力，提升个人的精气神。
2	阴阳平衡文化	搂膝拗步	由太极图引入初建阴阳平衡运动观，伴随着教师的技能展示，引导学生在太极拳动作里寻找具有阴阳运动的动作，增加对太极阴阳概念的认识。	把太极拳的阴阳平衡理论带入现实生活中，使其贴近生活，鼓励学生保持积极乐观的心态，处理好学习与生活的关系，以平衡的心态与视角迎接千变万化的世界。
3	合文化	手挥琵琶 倒卷肱	以“内在美”和“外在美”引导出太极拳的“身与心”“意念引导动作”的健身特点，以此引起学生兴趣点，通过提问，启发学生思考，导出理论部分教学内容“合文化”。	引导学生要与自然和谐共处，人与人之间和谐共处，并追求社会和谐、世间和谐。
4	圆文化	左、右 揽雀尾	以“圆”的元素为切入点，以中国人的传统观念中对于事物关于圆的形容或者建筑，引起学生兴趣点，通过提问，启发学生思考，导出理论部分教学内容“太极拳圆文化”。	提高学生对太极拳与中国哲学的思想认知，善于发现，善于观察，建立积极健康的人生观。

续表

课次	传统文化	学习内容	设计意图	思政要点
5	虚实文化	单鞭 云手 单鞭	以诸葛亮的八卦阵为例，分析阵法的变换之术，感叹古人的智慧，引出虚实文化。	提高学生对太极拳与中国传统文化的思想认知，善于总结，建立积极健康的人生观。
6	美文化	高探马 右蹬脚 双峰贯耳 转身左蹬脚	从太极拳的美和舞蹈的美两种不同项目之间的对比，引申出东方的内聚式文化和西方的开放式文化，举例通过太极拳蹬脚动作和舞蹈的控腿动作，建立直观的文化认识。	提高学生对太极拳美文化的认知，增强民族自信，培养学生善于观察，以美好的心态看待世间万物。
7	对称文化	左、右 下势独立	以人身体的复杂系统和人体美为例，探索身体的未知，引出身体的各个部分之间需要相互配合、协调一致，才能实现身体的动态平衡和稳定。	指导学生辩证地看待问题，用联系、发展、全面、矛盾等观点来看待问题，综合考虑事物的各个方面和各种因素，从而得出更加全面、客观、可靠的结论。
8	象形文化	左右穿梭 海底针 闪通臂	从动作与自然现象类比感叹大自然的神妙，引出太极拳的动作往往与自然现象相类比，通过模仿自然现象来达到调节身体状态和意念的目的。	通过象形比类取象思维的训练，学生可以更好地理解抽象的概念和理论，增强形象思维能力，更好地把握事物的本质和规律。
9	整体运动思维文化	转身搬拦捶 如风似闭 十字手 收势	对比东西方不同文化间的差异，了解古人智慧，培养学生从整体出发，加深对身体的认知。	引导学生善于从整体上思考问题，注重事物的内在联系和相互关系，深入分析事物的本质和内在机制，从而找到根本的解决方案。

续表

5. 评价 （1）运动能力评价：能够用语言描述出技术动作要领。 （2）太极文化评价：结合中国传统文化，说出 1~2 个太极文化特点。 （3）健康意识评价：说出太极拳运动队身体的益处。 （4）道德品质评价：武以德立，互相尊重、遵守规则、团结互助。
6. 测试 （1）观看太极拳竞技比赛，与老师同学分享观看心得。 （2）测试考核。
7. 学习资源 （1）利用学校网络学习平台和教师资源，在学校操场、公园及宿舍等地点完成课前预习、课中学习、课后复习以及体能练习。 （2）自行组队进行小组练习和展示。

32式太极剑

正面完整动作示范

背面完整动作示范

第一章　理论篇

第一节　太极剑历史与文化

剑是我国古代兵器，曾被誉为“百兵之君”，其发展历史可追溯到传说中的黄帝时期。剑在中国历史上是一种象征性的武器，代表着勇猛、力量和独立。在古代，剑是文人墨客所喜爱的器械，被视为文化与武艺的结合，成为一种表达情感和思想的方式，被广泛用于诗歌、戏曲等文学作品中。唐代诗人李白就曾经写过很多与剑有关的诗歌，如《侠客行》《送友人》等，表达了他对剑的热爱和对豪情壮志的追求。在戏曲中，剑也经常被用作道具或表演工具，用以表现角色的身份、性格和情感。剑也是武士们用于战斗和防身的武器，同时也是一种身份和地位的象征。太极剑的剑器不仅具有实战价值，还有着独特的审美价值和文化意义。太极剑是在明清时期逐渐发展完善的，最初以实战为主，随着武术的发展和普及，太极剑逐渐融入了更多的文化元素和艺术表现形式。在明清时期，太极剑开始注重动作的流畅和美感，加入了更多的曲线和圆运动。这一时期的太极剑也借鉴了诗歌、书画等其他艺术的表现手法，形成了独特的风格。在现代，太极剑的发展更加多元化和开放化，在保留传统精髓的基础上，融入了更多的现代元素和技巧，不断推陈出新，同时融入现代运动科学的理论和实践，提高了太极剑的科学性和实用性。原国家体委于 1957 年在杨氏太极剑的基础上创编了 32 式太极剑，推动了太极剑的发展。在传统太极剑的基础上，现代太极剑的动作更加规范、系统，注重动作的准确性和连贯性，也更加注重文化的传承和发展，吸收了更多的传统文化元素和审美观念，成为一种集健身、文化和艺术于一体的武术项目。

太极剑的发展是一个不断探索和实践的过程。在保持传统精髓的基础上，应该注重创新和发展，使太极剑这一文化遗产更好地适应时代的需求和发展。加强理论研究，深入挖掘太极剑的文化内涵和技术特点；鼓励创新和实践，为太极剑的爱好者提供更多的学习资源和交流平台；加强国际交流和合作，借鉴其他国家和地区的经验，推动太极剑走向世界。

第二节 动静观

太极剑是中国传统的一种武术，它的特点是动静结合，刚柔相济，以气引剑，以意驭剑。其动作既有缓慢平和的，也有快速刚猛的，这些动作在剑法中相互转换、相互补充，形成了一种动静结合的美感，富有韵律感，通过练习，可以提高审美水平和对美的感知能力。

动静结合，是太极剑练习的基本要求，也是其独特的练习方式。太极剑中的“动”指的是剑法和动作的流畅、连贯和协调。在练习时，我们要求动作的连续性和节奏感，每一个动作都要与下一个动作相衔接，形成一套完整、流畅的剑法。这种连续的动作不仅要求身体的协调和平衡，还需要呼吸的配合和意识的引导。动是表现太极剑动态美的关键，通过流畅的动作和连贯的剑法，我们可以展现出太极剑的活力和生命力。“静”也同等重要。“静”指的是心静、气沉、神聚。在练习太极剑时，我们要保持内心的平静和专注，排除杂念和外界干扰，将注意力集中在剑法和动作上。通过深呼吸和放松身体，我们可以更好地控制自己的情绪和气息，使动作更加自然、流畅。静是动的基础和准备，只有在心静气沉的状态下，我们才能更好地发挥太极剑的技术和特点。

（1）动静结合的节奏。太极剑的动作有快有慢、有起有落、有收有放、有进有退、有开有合，形成了一种变化多端的节奏美。快慢相间，增加了太极剑的难度和趣味；起落相应，体现了太极剑的灵活和协调；收放相宜，显示了太极剑的内涵和气度；进退相因，表现了太极剑的主动和机敏；开合相随，彰显了太极剑的阴阳和平衡。

（2）动静结合的形态。太极剑的形态有圆有直、有曲有直、有实有虚、有刚有柔、有明有暗，构成了一种和谐统一的形态美。圆直相辅，突出了太极剑的流畅和韵律；曲直相映，展示了太极剑的变化和技巧；实虚相生，反映了太极剑的虚实和变化；刚柔相济，体现了太极剑的力量和柔韧；明暗相融，表现了太极剑的明快和含蓄。

（3）动静结合的意境。太极剑的动作要求连贯流畅，不断变化，如行云流水，无有停顿。同时要求动作与呼吸相协调，呼吸与意念相统一，意念与剑法相融合，达到动静合一、圆融无碍的境界。太极剑的意境有高有低、有远有近、有大有小、有清有浊、有喜有怒，营造了一种丰富多彩的意境美。高低相错，描绘了太极剑的高远和深邃；远近相交，勾勒了太极剑的广阔和细致；大小相融，表达了太极剑的宏大和精巧；清浊相间，渲染了太极剑的清新和厚重；喜怒相搭，传达了太极剑的喜悦和威严。

太极剑的动静结合美学是一种高层次的武术修养，也是一种独特的艺术表现方式，它不仅展示了太极剑的技法和功力，也折射了太极剑的哲学和文化，不仅能提高剑法的技巧和效果，也能培养剑者的气质和心境，使之达到身心和谐、自然而然的境界。

第三节 合文化

“合”强调的是不同事物之间的协调与统一，即和谐。中国传统文化中“合”的概念包含了家庭和睦、社会和谐、国家统一、人与自然和谐以及不同文化交流融合等方面，强调和谐、平衡与整体发展的思想，是中国传统文化中追求和谐、平衡和整体发展的重要体现。无论是家庭、社区还是国家，人们都应该遵循社会秩序，尊重他人的权利和尊严，以实现社会的公正与和谐。这种人与人和谐的理念也是“合”概念的重要体现之一。

太极剑作为一种独特的兵器，不仅包含了太极拳的原理和技法，还融合了剑法的特点，既有拳法的内涵，又有剑法的外形，不但能锻炼身体，增强体质，还能培养心性，增强意识，是一种集健身、修身、防身于一体的高级武术。

（1）剑与身的相合。太极剑的动作要求剑随身走，身剑相随。剑作为身体的一部分，与身体动作协调一致，形成和谐的统一体。在练习过程中要求连贯、流畅，每一个动作都要与下一个动作相衔接，剑的移动和身体的转动要保持协调，形成一个整体的动作流程。剑的移动和身体的动作要相互配合，剑的方向、速度和力度都要与身体的动作相匹配，这样可以使剑法和身体动作融为一体，表现出和谐统一的美感。通过身剑的协调配合、意念的引导和呼吸的配合，可以达到身心和谐的境界，使太极剑的练习效果更佳，并展现出太极剑独特的韵律感和美感。

（2）攻与防的相合。太极剑中的攻与防并不是孤立的，而是相互依存、相互转化的。通过合理的攻防转换，达到和谐统一的效果，体现了和谐的理念。攻防在太极剑中体现为“神形合一，上下相随”。具体来说，攻防不仅是一种动作，更是一种意识。这种意识专注于动作，使动作体现出武术意识，展现出神形兼备的韵味。攻防应用的目标是实现正确的攻防，以意识引导动作，使动作具有神韵。身体各部位的协调运转、节节贯串能使动作完整有力，保持身体重心的稳定，去破坏对方平衡，以便趁机取胜。

（3）内与外的相合。内外相合的基础是内外三合，即“心与意合，意与气合，气与力合”和“肩与胯合，肘与膝合，手与足合”。内三合要求“心静、意专、气沉、神聚”，外三合要求“沉肩、垂肘、屈膝、稳足”。内外三合相合，形成周身六合，以保持整体劲力的完整与协调。太极剑的动作不仅要求外在的协调和平衡，还要求内在的意念与气息的配合。通过内外兼修，达到身心和谐的境界。太极剑的动作要求以意引气，以气运身，以身随剑，以剑随意，达到意气合一、人剑合一的境界。

太极剑不仅有拳法中的步法、手法、眼法、身法、劲法等基本功，还有剑法中的刺、劈、挑、扫、点、戳、抹、撩等八法和搭、托、挡、引、绞、缠等六势，将这些元素融为一体，形成了一种既有力度又有柔韧性，既有速度又有节奏性，既有刚劲又有灵活性的武术风格。在动作上要求优美流畅，如行云流水；姿态上要求端庄大方，如仙人缥缈；气质上要求沉稳内敛，如高山流水。太极剑还常配以优美的音乐和韵律，增加其艺术感染力和魅力。

第四节 圆文化

圆文化来源于中国古代哲学的基础观念。圆在中国传统文化中被视为完美和完整的象征。圆没有起点和终点，没有任何可以间断的棱角，这种完美的形状被视为高贵和尊荣的象征。所以，圆在中国古代艺术和建筑中有着广泛的应用，例如，在园林设计、建筑造型等方面，圆形的运用使得建筑更具美感，给人以舒适和谐的感受。此外，在绘画、雕塑等艺术形式中，圆也是重要的元素之一，用于营造完整、和谐的艺术效果。

圆在中国传统哲学中也有着深刻的意义，它代表了循环、永恒和无穷，这与道家的思想相契合。道家认为万物生于无，无极生太极，太极生两仪，两仪生四象，四象生八卦，最终形成万物。这个过程就是一个圆形的循环，体现了道无始无终、无穷无尽的本质。

太极剑以太极哲学为基础，运用阴阳变化的原理，表现出刚柔相济、圆融无碍的特点。太极剑的圆文化，是指太极剑在技法、器械、服饰、音乐等方面，都体现出圆形的美学意义和文化内涵。

太极剑的技法包括刺、削、扫、戳、挑、引、拦、格、绞等，这些动作都要求以圆为基础，以曲为主，以直为辅。它的运动轨迹，也是以圆为主，如画圆、画弧、转身等。它的步法，有虚实分明的弓步、马步、丁步等，也有灵活多变的蹬步、跳步、跨步等，都要求以圆为轴心、以圆为转换。太极剑的身法，有前后左右的进退顾盼，也有上下中间的起落沉浮，更是以圆为中心、以圆为运动。这些圆形的技法，不仅符合人体的生理结构和运动规律，而且体现了太极哲学中的“无极而生太极，太极而生两仪，两仪而生四象，四象而生八卦”的思想。太极剑的圆文化，是一种独特的艺术魅力，它不仅展示了太极剑的技术水平和美学价值，而且传承了太极哲学的深刻内涵和文化精神。它是一种以圆为本的文化，是一种以圆为美的文化，是一种以圆为道的文化。

第五节　虚实文化

太极剑的剑法不仅要求实用有效，还要求虚实相济，即在攻防之间要有虚虚实实、虚实相生的变化，以迷惑对手，达到以柔克刚、以巧胜拙的效果，呈现一种虚实相济的美感。这种虚实相济的美学也反映了太极哲学中的无极生太极、太极生两仪、两仪生四象、四象生八卦的思想。太极剑的虚实相济美学，是指太极剑的动作和意念之间的相互配合，以达到最佳的效果。太极剑的虚实相济美学，体现在以下几个方面：

（1）虚实相济的技法。太极剑的手法有刺、劈、挑、拦、截、扫、点、压等，每一种手法都要求虚实相济，即在一种手法中同时包含虚和实的变化。例如，刺是太极剑的基本手法，刺时要求剑尖指向对方的要害，这是实；同时要求剑身略微弯曲，以便随时变化方向或收回，这是虚。虚实相济的手法，能使太极剑灵活多变、难以捉摸。

（2）虚实相济的步法。太极剑的身法有进、退、顾、盼、跨、跳等，每一种步法都要求轻灵敏捷，变化无穷，以虚实相生，以虚实相用。身法上的虚，是指身体的放松、松沉、松活、松柔、松圆等状态，它可以使身体灵活自如，不受拘束，能随机应变。身法上的实，是指身体的稳固、均衡、协调、有力等状态，它可以使身体有根有骨，不失重心，能发挥力量。身法要求在虚实之间灵活转换，以虚引诱敌人，以实制服敌人，或以虚为实，或以实为虚，或虚中有实，或实中有虚，达到虚实相济的效果。

（3）虚实相济的呼吸。太极剑的呼吸有吸、呼、吐、纳等，每一种呼吸都要求虚实相济，即在一种呼吸中同时包含虚和实的调节，和呼吸相协调，和动作相配合，和意念相统一。气息上的虚，是指气息的收缩、收敛、收纳等状态，它可以使气息内敛深沉，不外泄浮躁，能养精蓄锐。气息上的实，是指气息的扩张、放松、发出等状态，它可以使气息外达开阔，不内闭压抑，能发气出力。太极剑的气息要求在虚实之间自然调节，以虚调整呼吸节奏，以实配合动作变化，或以虚为实，或以实为虚，或虚中有实，或实中有虚，达到呼吸和谐、气势饱满、气血通畅、气力充沛、气贯全身、气随意走、气随剑走、气剑合一、形神兼备、神形俱佳、神形合一的境界。

（4）虚实相济的意念。太极剑的意念有松、沉、圆、顺等，每一种意念都要求虚实相济，即在一种意念中同时包含虚和实的感受。例如，松意是太极剑的基本意念，松意时要求全身放松，以便消除紧张和僵硬，这是虚；同时要求全身有力量和张力，以便发挥劲力和弹力，这是实。虚实相济的意念，能使太极剑神形合一、不分内外。

太极剑的虚实相济美学，是太极剑的精髓之一。它不仅是一种剑术技巧，更是一种人生哲学。它教导我们要在虚实之间寻求平衡，要在柔刚之间求得和谐，要在气息之间达到统一。它让我们体会到太极剑的美妙，也让我们领悟到人生的智慧。

第六节 艺术美学

在中国传统文化中，情感和思想被视为艺术创作的源泉。艺术家通过艺术作品来表达自己的情感和思想，传递对人生的感悟和思考。这种注重情感和思想的表现也是中国传统艺术美学的一个重要特征。中国传统艺术美学还强调形神兼备，在中国传统艺术中，形神兼备指的是形象与精神的统一。艺术家们在创作中注重表现对象的内在精神与外在形象的统一，追求形神兼备的艺术效果。

太极剑不仅具有实战技能，也是一种艺术形式。它的动作优美流畅，富有变化，既有刚劲有力的攻防，又有柔和灵巧的转换。太极剑的每一个动作都是经过精心设计的，符合人体的生理结构和运动规律，展现了人与剑的和谐统一，刺、劈、挑、扫、点、戳、抹、撩等，每一个动作都要求身法、步法、手法和剑法相配合，形成一个完整的动作系统。太极剑的动作有如画中的线条，有弧度、有曲折、有起伏，形成了一幅幅美丽的图案，如行云流水，如飞龙在天。每一个动作都有其内涵和意境，富有诗意和画意。太极剑的美感不是靠华丽的外表，而是靠内在的修养和气质。

太极剑的节奏是由呼吸、力度、速度等因素共同决定的，它既要适应太极剑的内在规律，又要根据对手的变化而灵活调整。它的节奏有快有慢、有紧有松、有起有伏，形成了一种韵律感。它的动作有快有慢，快则如风雷震荡，慢则如云水缓流；有松有紧，松则如绵绵不断，紧则如刚柔相济；有起有伏，起则如鹰展翅，伏则如虎蹲山。太极剑的节奏是一种生命的韵律，是一种和谐的音乐。

太极剑的韵律是由动作、呼吸、意念等因素共同构成的，是一种动静相宜的美感，是一种刚柔相济的力量，它是太极剑的灵魂所在。太极剑的韵律不是单调的，而是多样的，有圆有直、有收有放、有虚有实，要求动作与呼吸相协调，意念与剑法相统一，达到一气呵成、气势连贯、神形兼备的境界。

太极剑的艺术情趣要求太极剑手以天人合一、道法自然的哲学思想为指导，以诗意、画意、音乐意为表达方式，以修身、养性、弘扬民族文化为目标，体现出中国文化中的高雅和深邃。太极剑中的艺术美学是中国文化中艺术情趣的体现，它蕴含了中国人对自然、生命、和谐、平衡等价值观的追求和表达，也展示了中国人民的智慧和创造力。

第七节　以柔克刚大智慧

太极剑以太极拳的理论为基础，运用刚柔并济的原则，展现出一种独特的美学。太极剑的刚柔并济美学不仅体现在剑法的技巧上，刚劲锐利，它们相互转化，展现了一种软硬兼施的美感，也体现在剑者的心态和气质上，使人能够灵活应对各种情况。

（1）刚柔相济，阴阳相配。太极剑的刚柔相济是指剑者在运用剑法时，要根据不同的情况，灵活地变化刚柔。刚是指剑法的力量、速度、锐利和直接，柔是指剑法的轻盈、缓慢、圆润和曲折。刚柔相济，就是要在刚中有柔、在柔中有刚，使之相辅相成，形成一种动态的平衡；阴阳相配，就是要在剑法中体现出阴阳两种属性的协调和统一，阴是指剑法的收缩、内敛、防守和顺从，阳是指剑法的张开、外放、进攻和主动，阴阳相配，就是要在阴中有阳、在阳中有阴，使之互为因果，形成一种和谐的对立。

（2）以柔克刚，以静制动。太极剑以柔克刚，就是要用柔和的力量来化解敌人刚猛的力量，用圆转的动作来避开敌人直冲的攻击，用弱小的力量来制服敌人强大的力量。太极剑讲究以静制动，就是要用静止的姿态来对付敌人动荡的变化，用沉稳的气息来抵抗敌人急促的呼吸，用平静的心境来应对敌人激烈的情绪。不求硬碰硬，而是以圆润流畅的剑法，配合身法步法，随着对方的力量和方向，灵活地变化剑势，巧妙化解对方的攻势，寻找对方的空隙，同时寻找机会反击。所谓“四两拨千斤”，即以最小的力量达到最大的效果，这是一种智慧和技巧的体现。太极剑的变化是有规律的，不是随意的，它遵循了阴阳互生互化的道理。太极剑中有点、刺、劈、挂、撩、云、抹、带、崩、绞、架、托、截、抽、穿等多种剑法，每一种剑法都有阴阳之分，要求在动静之间、虚实之中，变化无穷。

（3）无为而治，顺势而为。太极剑讲究无为而治，就是要遵循自然的规律，不强求自己，不违背事物的本性，不做多余和无用的动作，而是顺其自然地发挥自己的优势和克服自己的劣势。太极剑讲究顺势而为，就是要根据自己和敌人的位置、距离、角度、节奏等因素，灵活地调整自己和敌人的关系，利用自己和敌人的力量和动作，巧妙地配合敌人的意图和反应。

（4）剑者的心态和气息的刚柔并济。太极剑的剑者要求心静如水，气沉丹田，以内养外，以静制动。太极剑的剑者要求心中有剑，眼中无物，以意驭剑，以神引气，既有刚毅果断的勇气和决心，也有柔顺圆润的宽容和谦逊。既有气息强劲有力的发出和收回，也有绵长平稳的运行和调节。刚柔相济，相互协调，形成了一种沉稳的内在修养。

太极剑的刚柔并济美学是一种高层次的武术境界，它不仅能提高剑者的技艺水平，也能提升剑者的精神境界，它的以柔克刚大智慧是一种对生活和世界的哲学思考，它不仅能帮助剑者解决实际问题，也能帮助剑者达到和谐和平的状态。

第八节 自然文化观

“天人合一”是中国传统文化中最重要的自然观之一，强调人与自然的和谐统一，人与自然是相互联系、相互影响的整体。人们应该顺应自然规律，尊重自然，保护环境，以达到人与自然和谐共生的境界。

太极剑的动作和招式都蕴含了自然文化的精髓，反映了中国人对自然和谐的追求和尊重太极剑中的自然文化。太极剑借鉴了自然界的运动规律，它柔和、连贯、圆润、灵活的运动特点，与自然界的运动规律是一致的。太极剑借鉴了水流、风云、雷电等自然现象的运动特征，如水流的顺势而行、风云的变化无常、雷电的猛烈迅速等，将其融入剑法中，形成了太极剑独有的风格，以自然界的运动为参照，体现了太极剑与自然界的相通相应。太极剑模仿了自然界的生物形态，其动作和招式也模仿了自然界的生物形态，如鹰翔、蛇盘、虎跃等，将其转化为剑法中的攻防技巧，展现了太极剑与自然界的相生相克，身法灵活多变，如鹰翔般高翔俯冲，如蛇盘般盘旋缠绕，如虎跃般猛进退避。太极剑的剑法要求剑势威猛犀利，如鹰翔般凌空斩击，如蛇盘般缠绕刺戳，如虎跃般扫荡横扫。

太极剑体现了中国文化中的自然观念，不仅是一种武术技能，也是一种哲学思想，体现了中国文化中的自然观念，即天人合一、阴阳调和、万物生长。通过这些符号和象征，表达了对自然界的认识和尊重，以及对生命和宇宙的敬畏和感悟，它借鉴了自然界的运动规律，模仿了自然界的生物形态，体现了中国文化中的自然观念。它的仿生性、节奏感、对称性、整体性和变化性特征，也反映了中国人对自然和谐的追求和尊重。

第九节 整体运动思维

中国传统整体运动思维认为人与自然是相互联系、相互影响的整体。人们应该顺应自然规律，尊重自然，保护环境，以达到人与自然和谐共生的境界。这种思想观念强调整体性和统一性，认为人与自然是不可分割的整体。

太极剑套路中无论是单个动作还是组合动作，每个动作都是整体的一部分，动作与动作之间是相互联系、相互影响的。太极剑注重内外合一，气剑合一，意剑合一。从起势到收势，每个动作都相互衔接、相互呼应，以腰为轴心，通过腰部的转动带动全身和剑的运动，这种以腰为轴心的运动方式体现了整体性的思维方式，因为腰部是连接上下肢的枢纽，通过腰部的转动可以实现全身力量的整合和传递。通过连贯的动作，练习者可以将身体和剑的力量有效地传递和整合，形成更大的整体合力，要求练习者在动作中调整呼吸，运行气血，达到身心和谐，使自己与剑融为一体，使剑成为自己身体的延伸，表达自己的意志和情感，也是心性的修养和艺术的创造。太极剑通过圆弧形的运动轨迹和轻柔灵活的动作表现剑法的精髓，这种圆活轻灵的动作特点也体现了整体性的思维方式，因为圆弧形的运动轨迹可以实现力量的顺畅传递和转换，而轻柔灵活的动作则有助于保持整体的稳定性和协调性。

太极剑是中国文化的一面镜子，它反映了中国人的思维方式和价值观，蕴含了中国古代的整体文化观和文化精髓，展现了中国人的审美情趣和艺术才华，是中国文化的一颗明珠，闪耀了中国人的智慧和气度。

第二章　技术篇

第一节　剑的常识

剑的结构与各部分的名称如图 2-1 所示。

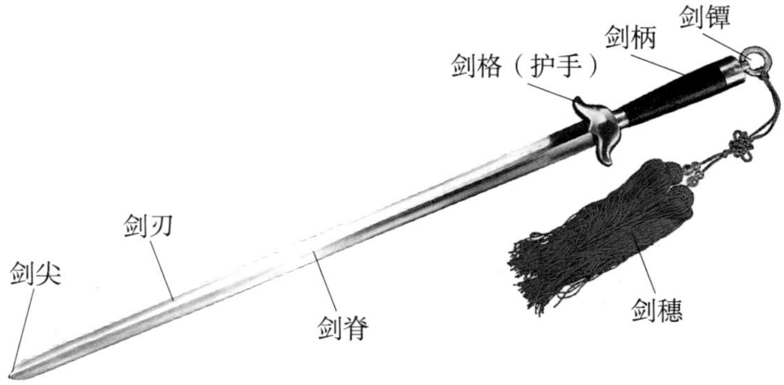

图 2-1

（1）剑身：剑尖到剑格的全部。

（2）剑尖：剑身最前端的锋锐部位。

（3）剑格：剑身和剑柄之间，作为护手的部位。有“Y”和“A”两种形状。

（4）剑脊：剑身中间隆起的部分。

（5）剑刃：剑身两侧锋利的部分。

（6）剑柄：也称剑铗、剑茎、剑把。是指剑格后手握的部分。

（7）剑穗：系在剑镡的穗子称剑穗，又称剑袍。古代作战中，为了使用方便和防止脱落，往往用皮绳将剑柄拴在马鞍或手腕上，剑穗是“文剑”的标志。系在剑镡的皮绳称剑疆，为“武剑”的标志。

第二节 剑的握法

剑的握法多变，剑法灵活，握法不同，剑法的变化不同，基本握法有：

1. 左手握剑法

拇指、中指、无名指、小指反手紧握剑柄，食指按于剑柄（图 2-2）。

图 2-2 左手握剑法

2. 正握剑

食指、中指、无名指和小指的第一指节紧贴在剑柄上，依次排开成“螺旋”形，拇指顶住剑格（图 2-3）。

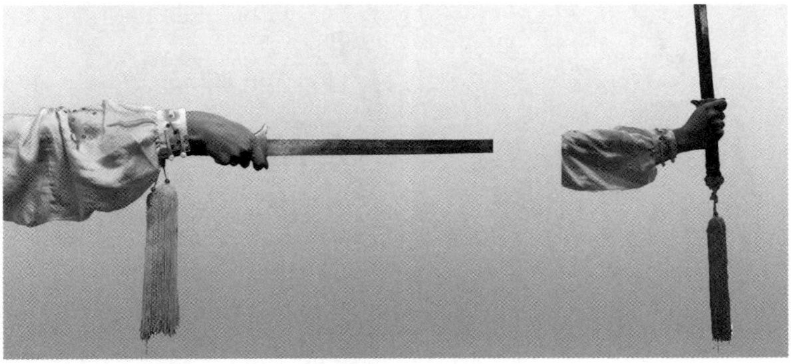

图 2-3 正握剑

第三节 剑的基本技术

1. 刺剑

在螺把握法下，剑尖向前直刺，着力点在剑尖（图 2-4）。

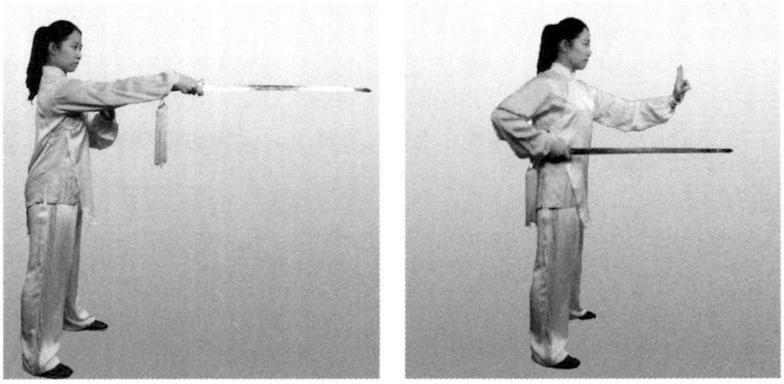

图 2-4 刺剑

2. 劈剑

立剑，持剑手挥臂，自上而下，力达剑的下刃（图 2-5）。

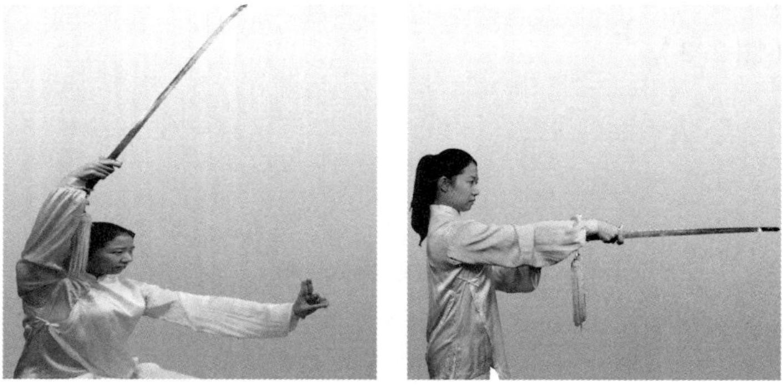

图 2-5 劈剑

3. 崩剑

持剑手屈腕向上翘，呈立剑，剑尖从下往上，力达剑尖（图 2-6）。

4. 撩剑

立剑，反向虎口一侧剑刃前面，由下向上移动，根据技击的方向，可分为前、后、正和反四种撩剑方法（图 2-7）。

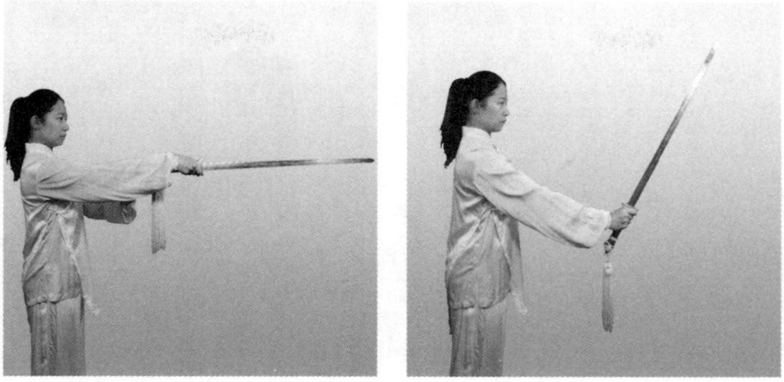

图 2-6　崩剑

图 2-7　撩剑

5. 挂剑

立剑，剑尖贴近身体，由前向上、向右或者向下、向后，屈肘屈腕（图 2-8）。

图 2-8　挂剑

6. 点剑

两脚左右开立直刺，手腕下压，着力点在剑尖（图 2-9）。

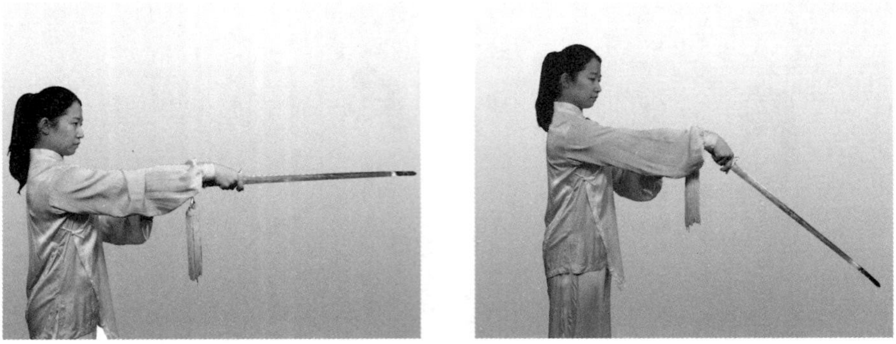

图 2-9　点剑

7. 带剑

两脚左右开立，持剑手由前向斜后回收（图 2-10）。

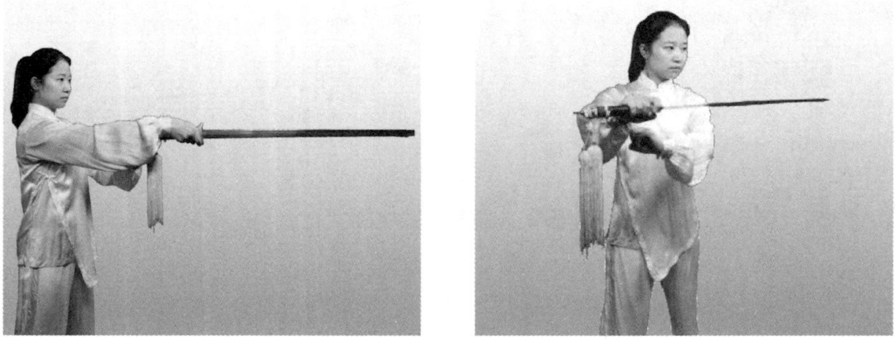

图 2-10　带剑

第四节　32 式太极剑

一、起势

初始姿态：两脚并立，（以南为正面）身体正直，眼睛平视，虚领顶劲，双臂自然下垂。左手握剑，剑尖上翘，右手剑指，掌心向内。

（1）左步启行：缓缓提起左脚，点地轻落，步伐稳重（图 2-11）。

（2）两臂前举，屈蹲下按（图 2-12）。

（3）转腰摆臂，左脚收拢，成丁步挑指（图 2-13）。

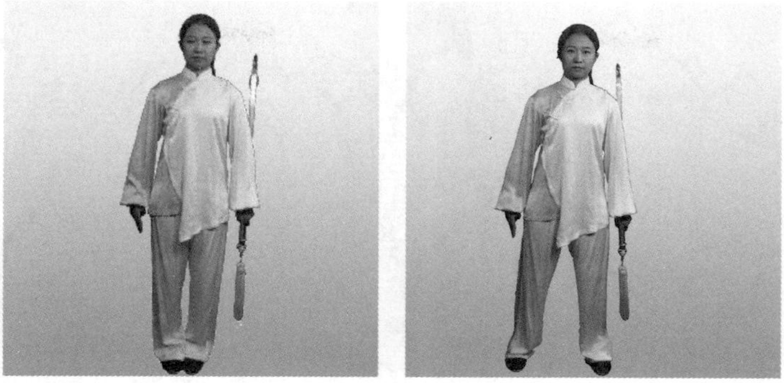

图 2-11　左步启行

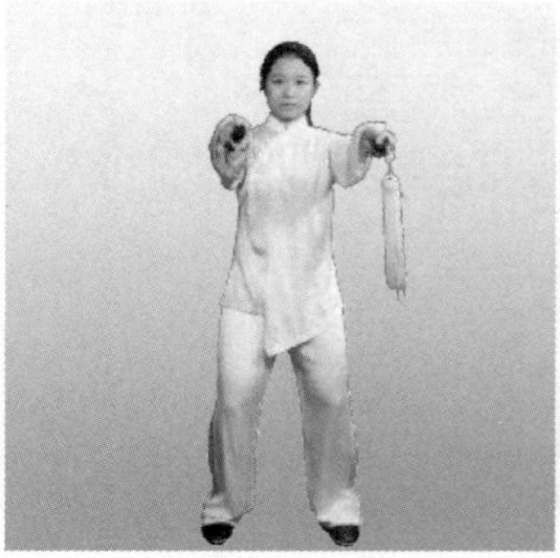

图 2-12　屈蹲下按

图 2-13　丁步挑指

（4）转身进步，弓步搂推，手指东向，势如箭发（图 2-14）。

图 2-14　弓步搂推

（5）迈步穿剑，屈蹲展臂，如风轻拂（图 2-15）。

（6）屈肘上步，弓步接剑。注意：弓步时两脚的横向距离保持在 30 厘米左右，膝盖不超过脚尖（图 2-16）。

图 2-15　屈蹲展臂

图 2-16　弓步接剑

二、第 1–2 式　并步点剑、独立反刺

正面动作示范 1.1　背面动作示范 1.2

（一）并步点剑

1. 动作学习

（1）起始姿态：双脚并拢，身姿挺拔，双目前视，心神内守。左手握剑，剑尖轻指，右手剑指，掌心内向，呈现宁静之态。

（2）平点剑尖：右臂先沉后展，肘部轻屈，腕部提升，力达剑尖。同步右脚向左脚靠拢，身体微蹲，聚焦剑尖（图 2-17）。

2. 动作重、难点

重点：保持身体的稳定和剑尖的准确指向。

难点：在不移动脚步的情况下，完成精准的剑法动作，尤其是剑尖的控制。

3. 动作要领

（1）并步时两脚不宜并得太紧，保持一定的间距，以助于保持身体平衡。

图 2-17 并步点剑

（2）点剑时，主要以拇指、无名指和小指着力，确保着力点集中在剑尖，以提高精准度。

（3）在单脚站立时，专注于保持身体的稳定，避免摇晃。

（4）执行点剑动作时，剑尖需轻松而准确地指向目标，同时要灵活使用手腕。

4. 易犯错误及纠正方法

（1）错误：身体失衡，在执行点剑动作时，身体可能会前倾或后仰。

纠正方法：练习身体控制，通过站桩等基础训练来增强身体稳定。

（2）错误：剑尖控制不当，剑尖可能会偏离目标，或者动作看起来过于生硬。

纠正方法：专注剑尖练习，反复练习点剑动作，专注于剑尖的精确控制。

5. 练习方法

（1）分解练习：先练习并步，再单独练习点剑，最后结合起来练习，并步前点。

（2）镜面练习：面对镜子练习，观察自己的身体平衡和剑尖指向。

（3）目标练习：设置一个具体目标，进行点剑练习，以提高剑尖的准确性。

（4）平衡练习：进行单脚站立或其他平衡练习，以增强身体控制能力和稳定性。

（二）独立反刺

1. 动作学习

（1）撤步抽剑：起始姿势为站立，右脚后撤，同时右手持剑向后平行抽出（图 2-18）。

（2）转身挑剑，收脚：在抽剑动作完成后，迅速转身，同时左脚向前迈步，右脚跟随收拢，剑尖向上挑起，准备反刺（图 2-19）。

图 2-18　撤步抽剑

图 2-19　转身挑剑，收脚

（3）独立反刺剑：转身后立即执行反刺动作，左脚前踏，右脚轻轻点地，身体重心转移到右脚，右手持剑直刺对方（图 2-20）。

图 2-20　独立反刺剑

2. 动作重、难点

重点：保持身体平衡和剑尖指向的准确性。

难点：在独立姿势下，实现上刺剑的精确控制和平衡维持。

3. 动作要领

（1）撤步抽剑：右脚后撤时，前脚掌先着地，脚尖外撇 60° 为宜。右手持剑抽撤时应落臂沉腕，剑尖自然抬起。重点在于保持身体平衡和剑的平稳抽出。

（2）独立反刺剑：左膝要尽量上提，脚面展平，小腿和脚掌微向里扣护裆。左膝要正向前方，与左肘上下相对，右手举剑，手心朝外，剑身水平。

4. 易犯错误及纠正方法

（1）错误：动作不连贯，身体重心不稳。

纠正方法：加强基础步伐练习，提高身体协调性和平衡感。

（2）错误：剑尖控制不稳，指向不准。

纠正方法：专注于剑尖的稳定性和方向，进行靶向训练。

5. 练习方法

（1）逐步训练：先练习单个动作，然后逐渐组合起来，最后连贯执行整套动作。

（2）镜面练习：在镜子前练习，观察自身动作的准确性和形态。

（3）对练：与伙伴进行实战练习，提高对动作的适应性和反应速度。

三、第3–6式 仆步横扫、向右平带、向左平带、独立抡劈

正面动作示范 2.1

背面动作示范 2.2

（一）仆步横扫

1. 动作学习

（1）转身退步落剑：从正面姿势开始，左脚向东北方向撤步，同时身体随之转向。右脚方向保持不变，左脚落地时，身体和剑应与撤步方向相反，形成一种拉伸感（图 2-21）。

（2）仆步扫剑：在左脚稳定落地后，迅速转变为仆步姿势，同时右手扫剑。定势时，右手停在左肋前，剑沿右臂顺直延伸，指向东偏北方向（图 2-22）。

图 2-21　转身退步落剑

图 2-22　仆步扫剑

2. 动作重、难点

重点：身体与剑的协调，确保身体转动与剑的移动同步。

难点：落步的稳定性，保持左脚稳定落地，并保持身体平衡；扫剑的力度和方向控制，确保剑的移动既有力度又准确。

3. 动作要领

定势时，左臂应形成一个完整的圆形，注意不要过于屈曲或过分伸直，以保持身体的协调性和力量的流畅传递。

4. 易犯错误及纠正方法

（1）错误：转身时身体和剑的协调性差，导致动作不连贯。

纠正方法：通过反复练习转身和剑的协调动作，提高身体的灵活性和控制力。

（2）错误：在扫剑时力度控制不当，方向不准确。

纠正方法：专注于剑的轨迹和力度的控制，可以使用标靶进行练习，以提高准确性。

5. 练习方法

（1）分解练习：先单独练习转身、落步和扫剑的动作，然后逐渐将它们组合在一起。

（2）影子练习：对着镜子练习，以便观察自己的动作是否准确和优雅。

（3）重复演练：通过反复练习，增强肌肉记忆，使动作更加流畅自然。

（二）向右平带

1. 动作学习

（1）收脚收剑：在完成前一个动作后，迅速收脚同时收剑。重点是保持剑尖稳定，收脚时脚尖不点地，以保持身体的平衡（图 2-23）。

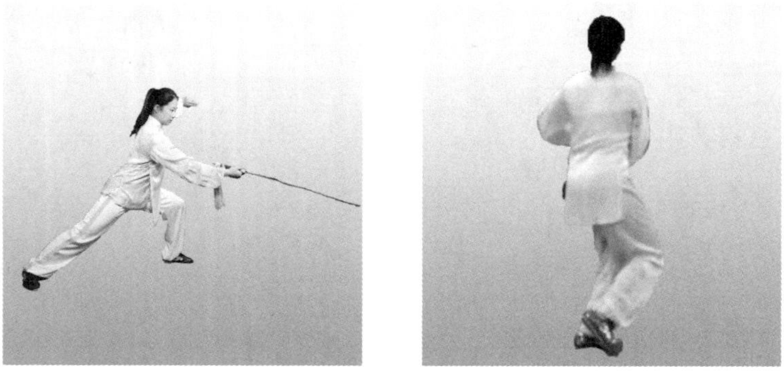

图 2-23　收脚收剑

（2）上步送剑：此步骤要求上步时身体稍向前倾，同时右手送剑向前。步伐和剑法的协调是此动作的关键（图 2-24）。

（3）弓步向右平带，反手弓步带剑：在送剑之后，迅速转换为弓步姿势，右手翻掌，平稳地带动剑身向右平行移动，同时保持剑尖的稳定性（图 2-25）。

图 2-24 上步送剑

图 2-25 弓步向右平带

2. 动作重、难点

重点：保持剑尖稳定和动作的流畅性。

难点：在平带剑的同时，确保身体姿势和剑法的协调一致。

3. 动作要领

（1）收脚收剑：右手手心朝上，剑控制在体前中心线附近，不要使剑尖左摆。左手剑指落于右腕部，协助控制剑的稳定。

（2）上步送剑：上步的方向为东南与中线斜向 30°（偏右）左右。不要落步过横或过直，保持身体平衡。

（3）弓步带剑：右手翻掌手心朝下，直线平带，边翻转边斜带。带剑时，应右前往后抽带，注意剑的抽带方向，避免横向右推或向右前方扫剑。

4. 易犯错误及纠正方法

（1）错误：在进行平带动作时剑尖不稳定，导致动作不流畅。

纠正方法：加强手腕和前臂的力量训练，提高对剑的控制能力。

（2）错误：步伐方向不准确，影响整体动作的流畅性。

纠正方法：通过标记地面练习步伐的准确性，确保每次落步都符合要求。

5. 练习方法

（1）单项练习：分别练习收脚收剑、上步送剑、弓步带剑，确保每个动作的准确性。

（2）组合练习：将单项动作组合起来，注重动作之间的流畅过渡。

（3）反复演练：通过反复练习，提高动作的自然性和协调性，加强肌肉记忆。

（三）向左平带

1. 动作学习

（1）收脚收剑：在完成前一个动作后，迅速收回脚和剑。这一步骤要求在收脚时脚尖不触地，以维持身体的平衡和准备下一步动作（图 2-26）。

（2）上步送剑：在收脚收剑之后，立即上步并送剑。这个步骤要求步伐和剑法的同步协调（图 2-27）。

（3）弓步向左带剑：在送剑之后，迅速转换为弓步姿势，右手翻掌，平稳地带动剑身向左平行移动（图 2-28）。

图 2-26　收脚收剑

图 2-27　上步送剑

图 2-28　弓步向左带剑

2. 动作重、难点

重点：保持剑尖稳定和动作的流畅性。

难点：在平带剑的同时，确保身体姿势和剑法的协调一致。

3. 动作要领

（1）收脚收剑：右手翻掌，手心朝下，准备收剑。

（2）上步送剑：上步的方向应与中线成约 30°（偏左）的角度，确保步伐的准确性。

（3）弓步向左带剑：右手翻掌手心朝上，直线平带。

4. 易犯错误及纠正方法

（1）错误：在进行平带动作时剑尖不稳定，导致动作不流畅。

纠正方法：加强手腕和前臂的力量训练，提高对剑的控制能力。

（2）错误：步伐方向不准确，影响整体动作的流畅性。

纠正方法：通过标记地面练习步伐的准确性，确保每次落步都符合要求。

5. 练习方法

（1）单项练习：分别练习收脚收剑、上步送剑、弓步带剑，确保每个动作的准确性。

（2）组合练习：将单项动作组合起来，注重动作之间的流畅过渡。

（3）反复演练：通过反复练习，提高动作的自然性和协调性，加强肌肉记忆。

（四）独立抡劈

1. 动作学习

（1）收脚转腰抡剑：在完成前一个动作后，迅速收回脚，脚尖点地，同时右手持剑向后抡起。这一步骤需要右手持剑的手心斜向下，左手心也斜向下，以协助控制剑的运动（图 2-29）。

套路方向 正面动作

图 2-29 收脚转腰抡剑

（2）上步举剑：在抡剑动作后，迅速上步，并将剑举高准备劈下（图 2-30）。

（3）独立下劈剑：在举剑动作完成后，迅速转换为独立姿势，同时执行劈剑动作（图 2-31）。

图 2-30 上步举剑

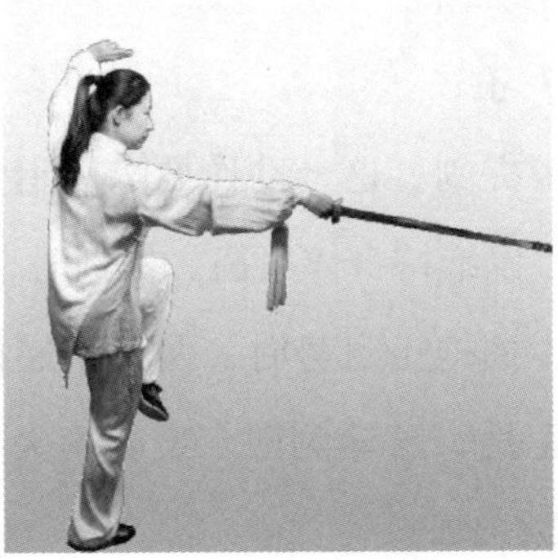

图 2-31 独立下劈剑

2. 动作重、难点

重点：在抡劈过程中保持剑法的准确和流畅。

难点：协调抡剑和劈剑的连贯性，同时保持身体的平衡和稳定。

3. 动作要领

（1）收脚转腰抡剑：收脚脚尖点地，右手持剑后抡时，手心斜向下，左手心斜向下。向左转体时上体保持正直，避免前俯。

（2）独立下劈剑：左膝要尽量上提，小腿和脚掌微向里扣护裆。劈剑方向为正东斜向下 45°，整个动作连贯不停，一气呵成。

4. 易犯错误及纠正方法

（1）错误：抡剑时力量控制不当，导致剑法不稳定。

纠正方法：加强手腕和前臂的力量训练，提高对剑的控制能力，确保抡剑动作稳定有力。

（2）错误：在劈剑时身体平衡不佳，造成动作不协调。

纠正方法：加强腿部力量和平衡性训练，确保在执行劈剑动作时，身体稳定且协调。

5. 练习方法

（1）单项练习：分别练习收脚转腰抡剑、上步举剑、独立下劈剑，确保每个动作的准确性。

（2）组合练习：将单项动作组合起来，注重动作之间的流畅过渡。

（3）反复演练：通过反复练习，提高动作的自然性和协调性，加强肌肉记忆。

四、第 7–10 式 退步回抽、独立上刺、虚步下截

正面动作示范 3.1

背面动作示范 3.2

（一）退步回抽

1. 动作学习

（1）退步提剑：这一动作要求在退步的同时提起剑。退步时，后脚要平稳，步伐控制要精准，以维持身体平衡。提剑时，剑柄应提升至眼睛高度，剑尖斜向上。

（2）虚步抽抱：定势时，两臂半屈撑圆合抱，保持两肩松沉。虚步朝东方，上体保持松弛而正直，身体侧向东方。剑尖指向右上方。同时，头部向右扭转，目光注视剑尖（图 2–32）。

图 2-32 虚步抽抱

2. 动作重、难点

重点：保持身体平衡和剑法的协调。

难点：在退步的同时，完成剑尖精准指向的控制。

3. 动作要领

（1）退步提剑：在退步时，确保剑柄高度与眼高相同，保持平衡和准确性。

（2）虚步抽抱：剑尖高度应与头高相同。定势时，握剑应松活钳握，剑把与身体保持约 10 厘米的距离，以利于灵活运用剑。

4. 易犯错误及纠正方法

（1）错误：在退步提剑时，身体平衡不稳，动作不协调。

纠正方法：加强基础步伐训练，提高身体协调性和平衡感。

（2）错误：在抽剑时，手腕和握剑姿势不正确。

纠正方法：专注于握剑的方法和手腕的灵活性，进行针对性训练，确保握剑正确且灵活。

5. 练习方法

（1）分解练习：单独练习退步提剑和虚步抽抱，确保每个动作的准确性和流畅性。

（2）组合练习：将退步提剑和虚步抽抱组合起来，注重动作间的连贯性。

（3）反复演练：通过反复练习，增强肌肉记忆，使动作更加自然流畅。

（二）独立上刺

1. 动作学习

（1）转腰拔步：这一动作开始于身体的转动和步伐的移动。在转动腰部的同时，进行拔步动作。步幅控制是关键，需保持步幅不超过一脚长，方向指向正东（图

2–33）。

（2）独立上刺剑：继拨步之后，迅速转换为独立姿势，并执行上刺剑动作。左膝抬高并指向身体左前方，同时剑尖高于头部（图 2–34）。

图 2–33　转腰拨步

图 2–34　独立上刺剑

2. 动作重、难点

重点：转腰拨步的准确性和流畅性，保持步幅控制和方向正确。

难点：独立上刺剑时的平衡和剑尖控制，确保在执行动作时身体稳定，剑尖精确；同时协调上刺剑的姿势与身体动作，实现动作的流畅性和协调性。

3. 动作要领

（1）转腰拨步：转动腰部时要保持稳定，步幅控制得当，移步的步幅不超过一脚长，确保方向正东。

（2）独立上刺剑：在抬起左膝时，应提于身体左前方，保持身体平衡，剑尖应高于头部。左膝的位置和剑的方向是关键。

4. 易犯错误及纠正方法

（1）错误：在转腰拨步时步幅过大或方向不准。

纠正方法：练习步伐的精准性，确保每一步都符合要求，重复练习以增强肌肉记忆。

（2）错误：在独立上刺剑时，剑尖控制不稳或平衡不佳。

纠正方法：加强核心力量和腿部力量训练，提高对剑尖的精准控制能力。

5. 练习方法

（1）单项练习：分别练习转腰拨步和独立上刺剑，确保每个动作的准确性。

（2）组合练习：将转腰拨步和独立上刺剑结合起来，注重动作间的流畅过渡。

（3）反复演练：通过反复练习，提高动作的自然性和协调性，加强肌肉记忆。

（三）虚步下截

1. 动作学习

（1）向后退步：开始动作时，先向后退一步，保持平稳。

（2）转腰摆剑：退步后，立即转腰并摆剑。摆剑动作要与肩同高，右手手心朝上，左脚不要直向后退，而是留有 10 ~ 20 厘米的横向间距。

（3）虚步下截：在摆剑后，迅速转换为虚步下截动作。右虚步的方向应为东偏北约 30°，头部转向东偏南 45°，两脚的横向距离保持在 10 厘米以内（图 2-35）。

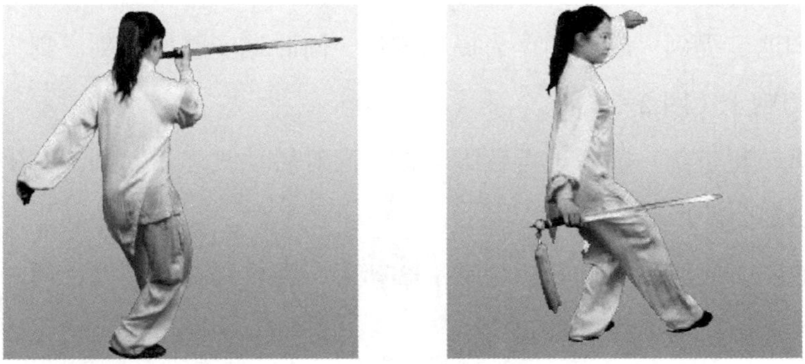

图 2-35　转腰摆剑，虚步下截

2. 动作重、难点

重点：保持身体平衡和剑法的精准，特别是在转腰摆剑时保持摆剑与肩同高，右手手心朝上。

难点：协调步伐和剑法的同时，保持正确的身体和头部方向，尤其是在执行虚步下截时，注意右虚步的方向和转头目视的方向。

3. 动作要领

（1）转腰摆剑：左脚不要直向后退，应留有 10 ~ 20 厘米横向间距。摆剑与肩同高，右手手心朝上。

（2）虚步下截：右虚步的方向是东偏北约 30°；转头目视的方向是东偏南 45°；两脚的横向距离不超过 10 厘米。

4. 易犯错误及纠正方法

错误：在转腰摆剑和虚步下截时，身体平衡不稳或步伐方向不准确。

纠正方法：通过重复练习，加强对身体平衡的控制和步伐方向的精准性。

5. 练习方法

（1）分解练习：分别单独练习向后退步、转腰摆剑和虚步下截，专注于每个步骤的技术细节。

（2）组合练习：逐渐组合这些动作，注意动作之间的流畅过渡。

（3）镜面练习：在镜子前练习，以便观察和纠正身体姿势，提高步伐的准确性。

五、第 10–12 式 左弓步刺、转身斜带、缩身斜带

正面动作示范 4.1　背面动作示范 4.2

（一）左弓步刺

1. 动作学习

（1）提脚退步提剑：起始动作为提起脚步，同时退步并提起剑。剑尖指向左前方约 30° ，剑刃朝上（图 2–36）。

（2）踱脚转腰带剑：随后进行踱脚动作，同时转动腰部带动剑。右手持剑经头前向右拉，手心翻向外。

（3）转收剑，收回左脚：右手翻掌手心朝上，卷收剑至右腰侧，同时左手剑指翻转收于腹前，手心朝下（图 2–37）。

（4）弓步前刺：最后转换为弓步姿势并执行前刺动作。弓步方向为东偏北约 30° ，两脚横向距离约为 30 厘米，右手刺剑时手心朝上（图 2–38）。

图 2–36　提脚退步提剑

图 2–37　转身收剑

图 2–38　弓步前刺

2. 动作重、难点

重点：协调每个动作的顺畅过渡和剑法的准确性。

难点：在连贯完成四个步骤的过程中，保持身体平衡和剑法的准确指向，特别是在弓步前刺时的姿势和剑尖的控制。

3. 动作要领

（1）提脚退步提剑：注意剑尖的指向和剑刃的朝向，保持动作的流畅性，剑尖指向左前方约 30° ，剑刃朝上。不要做成刺剑。

（2）踱脚转腰带剑：确保右手持剑动作流畅，手心的翻转要自然，右手持剑经头前向右拉，手心翻向外。

（3）转收剑，收回左脚：右手翻掌手心朝上，卷收于右腰侧，左手剑指随之翻转收于腹前，手心朝下。

（4）弓步前刺：弓步的方向为东偏北约 30° ；两脚的横向距离约为 30 厘米。右手刺剑，手心朝下。

4. 易犯错误及纠正方法

错误：动作间转换不流畅，剑法指向不准确。

纠正方法：加强每个动作的练习，特别是在动作转换时的流畅性和剑法的精确控制。

5. 练习方法

（1）分解练习：分别单独练习提脚退步提剑、踱脚转腰带剑、转收剑和弓步前刺，专注于每个步骤的技术细节。

（2）组合练习：逐渐组合这些动作，注意动作之间的流畅过渡。

（3）反复演练：通过反复练习，提高动作的自然性和协调性，加强肌肉记忆。

（二）转身斜带

1. 动作学习

（1）坐腿扣脚转腰抽剑：开始动作时，坐腿扣脚同时转动腰部，执行抽剑动作（图 2-39）。

（2）收脚转身：继续坐腿动作，提起脚步送剑。右手翻掌，手心朝下。提脚时，右脚尖点地，贴近左小腿内侧（图 2-40）。

（3）转身落脚弓步带剑：转身落脚，进入弓步姿势，带动剑执行斜带动作。上步的方向为西偏北约 30° （图 2-41）。

2. 动作重、难点

重点：协调转身和剑法动作，保持动作的流畅性和准确性。

图 2-39　扣脚抽剑

图 2-40　收脚转身

图 2-41　转身落脚弓步带剑

难点：在坐腿提脚送剑和转身落脚弓步带剑时，保持身体平衡和剑法的准确指向，尤其是在转身落脚时的方向控制。

3. 动作要领

（1）收脚转身：注意右手翻掌的动作，保持手心朝下。

（2）转身落脚弓步带剑：在转身落脚时，注意步伐的方向应为西偏北约 30°，同时保持弓步姿势的稳定性（图 2-42）。

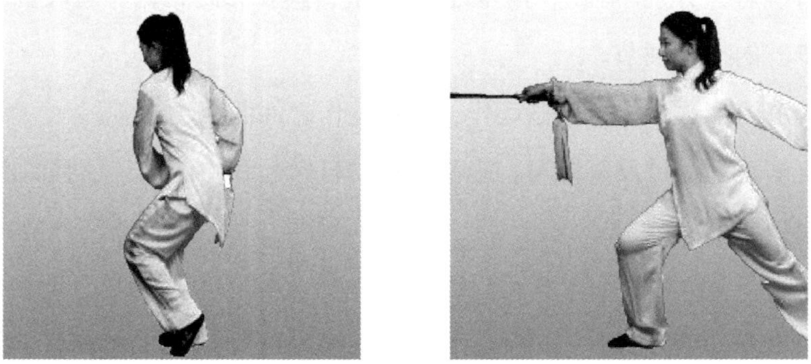

图 2-42　转身落脚弓步带剑

4. 易犯错误及纠正方法

错误：在转身和斜带动作时身体平衡不稳或方向不准确。

纠正方法：加强身体平衡的练习，特别是在转身和落脚时的方向控制。

5. 练习方法

（1）分解练习：分别单独练习坐腿扣脚转腰抽剑、坐腿提脚送剑和转身落脚弓步带剑，专注于每个步骤的技术细节。

（2）组合练习：逐渐组合这些动作，注意动作之间的流畅过渡。

（3）反复演练：通过反复练习，提高动作的自然性和协调性，加强肌肉记忆。

（三）缩身斜带

1. 动作学习

（1）收脚收剑：开始动作时，收回脚步和剑，收脚时脚尖点地（图 2-43）。

（2）反穿剑指，右脚向后退步送剑：继续执行反穿剑指动作，同时向前送剑（图 2-44）。

（3）坐腿收脚，虚步平带剑：坐腿的同时收脚，执行虚步平带剑动作。右手翻掌，手心朝下（图 2-45）。

图 2-43　收脚收剑

图 2-44　反穿剑指，右脚向后退步送剑

图 2-45　坐腿收脚，虚步平带剑

2. 动作重、难点

重点：保持动作的流畅性和剑法的准确性。

难点：在执行坐腿收脚丁步平带剑时，协调身体动作与剑法，同时保持身体平衡和剑法的精确性。

3. 动作要领

坐腿收脚丁步平带剑：右手翻掌手心朝下。

4. 易犯错误及纠正方法

错误：在坐腿收脚丁步时身体平衡不稳或剑法不准确。

纠正方法：加强身体平衡的练习和剑法的精准控制，重点练习坐腿收脚和丁步的平稳过渡。

5. 练习方法

（1）分解练习：分别单独练习收脚收剑、反穿剑指送剑和坐腿收脚丁步平带剑，专注于每个步骤的技术细节。

（2）组合练习：逐渐组合这些动作，注意动作之间的流畅过渡。

（3）反复演练：通过反复练习，提高动作的自然性和协调性，加强肌肉记忆。

六、第 13–17 式　提膝捧剑、跳步平刺、左虚步撩、右弓步撩、转身回抽

（一）提膝捧剑

正面动作示范 5.1　背面动作示范 5.2

1. 动作学习

扩步提膝捧剑：紧接着扩大步伐，同时提起左膝，并执行捧剑动作（图 2-46）。

图 2-46　扩步提膝捧剑

2. 动作重、难点

重点：协调身体动作与剑法的顺畅过渡。

难点：在扩步提膝捧剑时，保持左膝的高度和剑把的位置准确，同时注意上体的姿势和平衡。

3. 动作要领

上步提膝捧剑：右膝要尽量上提，确保右膝高过水平线，剑把与胸部保持同高，左手剑指捧托于右手下边。

4. 易犯错误及纠正方法

错误：在执行上步提膝捧剑时，左膝提升不够高或剑把位置不准确。

纠正方法：专注于右膝的提升高度和剑把的位置，通过反复练习确保动作的准确性。

5. 练习方法

（1）分解练习：分别单独练习上步提膝捧剑，专注于每个步骤的技术细节。

（2）组合练习：将上步提膝捧剑动作组合起来，注意动作间的流畅过渡。

（3）反复演练：通过反复练习，提高动作的自然性和协调性，加强肌肉记忆。

（二）跳步平刺

1. 动作学习

（1）落脚沉剑：从起始姿势开始，落脚同时沉下剑身（图 2-47）。

（2）送剑前刺：送出剑时，左脚离地，执行前刺动作，剑平行于地面（图 2-48）。

图 2-47　落脚沉剑

图 2-48　送剑前刺

（3）跳步收剑：完成前刺后，跳步同时收剑，右脚向左小腿内侧收拢（图 2-49）。

（4）弓步平刺：完成跳步后，迅速转换为弓步姿势，进行平刺（图 2-50）。

图 2-49　跳步收剑

图 2-50　弓步平刺

2. 动作重、难点

重点：协调身体动作与剑法的顺畅过渡。

难点：在执行送剑前刺和弓步平刺时，保持剑法的准确性和身体平衡，特别是在弓步平刺时的步伐和剑法的准确配合。

3. 动作要领

（1）送剑前刺：保持剑身与胸部平行，确保剑尖的稳定和准确性。

（2）弓步平刺：注意弓步的正确姿势，应为顺弓步，避免做成侧弓步。

4. 易犯错误及纠正方法

错误：在执行弓步平刺时，步伐和剑法不协调，或剑法不准确。

纠正方法：专注于弓步的正确姿势和剑法的准确性，通过反复练习确保动作的准确性和流畅性。

5. 练习方法

（1）分解练习：分别单独练习落脚沉剑、送剑前刺、跳步收剑和弓步平刺，专注于每个步骤的技术细节。

（2）组合练习：将这些动作组合起来，注意动作间的流畅过渡。

（3）反复演练：通过反复练习，提高动作的自然性和协调性，加强肌肉记忆。

（三）左虚步撩

1. 动作学习

（1）收脚举剑后绕：从起始姿势开始，收回右脚，同时举起剑并绕过身后，右脚尖点地（图 2-51）。

图 2-51　收脚举剑后绕

（2）上步绕剑：接着进行上步动作，同时绕动剑身，使之划出一个弧线（图 2-52）。

图 2-52 上步绕剑

（3）虚步撩剑最后，转换为虚步姿势，执行撩剑动作（图 2-53）。

图 2-53 虚步撩剑

2. 动作重、难点

重点：保持剑法的流畅性和准确性。

难点：在执行虚步撩剑时，保持剑的运行路线贴身且成立圆，同时注意虚步的方向正确性。

3. 动作要领

（1）收脚举剑后绕：右手先提起剑，画弧经面前与左手相合，注意剑尖的轨迹和身体的协调。

（2）虚步撩剑：执行虚步时方向正西，确保剑运行路线贴身并成立圆，保持剑法的流畅性和准确性。

4. 易犯错误及纠正方法

错误：在执行虚步撩剑时，剑法不够流畅或方向不准确。

纠正方法：专注于剑法的流畅性和准确性，通过反复练习确保剑运行路线的贴身和准确性。

5. 练习方法

（1）分解练习：分别单独练习收脚举剑后绕、上步绕剑和虚步撩剑，专注于每个步骤的技术细节。

（2）组合练习：将这些动作组合起来，注意动作间的流畅过渡。

（3）反复演练：通过反复练习，提高动作的自然性和协调性，加强肌肉记忆。

（四）右弓步撩

1. 动作学习

（1）转腰后绕剑：动作开始时，转动腰部同时绕动剑身（图 2-54）。

（2）上步弓步撩剑：接着上步进入弓步姿势，同时执行撩剑动作。注意坐胯沉肩，保持剑尖与肩同高（图 2-55）。

图 2-54　转腰后绕剑

图 2-55　上步弓步撩剑

2. 动作重、难点

重点：协调身体转动和剑法的顺畅过渡。

难点：在转腰后绕剑和上步弓步撩剑时，保持身体和剑法的协调性，特别是在转腰和上步时的身体平衡和剑尖控制。

3. 动作要领

（1）转腰后绕剑：注意身体和眼神向右转视东北的同时，转体要充分，以配合剑法动作。

（2）上步弓步撩剑：保持坐胯沉肩，剑尖与肩同高，确保撩剑的准确性和流畅性。

4. 易犯错误及纠正方法

错误：在执行弓步撩剑时，剑法不够流畅或身体平衡失调。

纠正方法：加强对身体平衡的控制，特别是在转腰和上步弓步时，同时注意剑法的流畅性和准确性。

5. 练习方法

（1）分解练习：分别单独练习转腰后绕剑和上步弓步撩剑，专注于每个步骤的技术细节。

（2）组合练习：将这些动作组合起来，注意动作间的流畅过渡。

（3）反复演练：通过反复练习，提高动作的自然性和协调性，加强肌肉记忆。

（五）转身回抽

1. 动作学习

（1）坐脚转腰平抽剑：从坐脚姿势开始，同时转动腰部执行平抽剑动作（图 2-56）。

（2）转身平送剑：在完成平抽剑后，迅速转身，执行平送剑动作（图 2-57）。

图 2-56 转腰平抽剑

图 2-57 转身平送剑

（3）坐腿转腰下抽：坐腿的同时转动腰部，执行下抽动作（图 2-58）。

（4）虚步前指：进入虚步姿势并前指（图 2-59）。

2. 动作重、难点

重点：协调身体转动和剑法的顺畅过渡。

难点：在执行转身平送剑和虚步前指时，保持剑法的准确性和身体平衡，尤其是在转身和坐腿动作的协调性。

图 2-58　坐腿转腰下抽

图 2-59　虚步前指

3. 动作要领

（1）坐脚转腰平抽剑：转体时右脚尖内扣，保持抽剑动作流畅。抽剑剑柄与肩同高，眼看剑尖方向。

（2）转身平送剑：转体时左脚尖外撇。注意弓步和剑法方向的一致性，弓步方向和劈剑方向为东偏南约 30°　。

（3）虚步前指：在执行虚步时，注意步伐和剑指方向的一致性，方向也为东偏南约 30°　。

4. 易犯错误及纠正方法

错误：在执行转身和剑法时身体平衡失调或剑法方向不准确。

纠正方法：专注于身体平衡的练习，以及剑法动作方向的准确性。

5. 练习方法

（1）分解练习：分别单独练习坐脚转腰平抽剑、转身平送剑、坐腿转腰下抽和虚步前指，专注于每个步骤的技术细节。

（2）组合练习：将这些动作组合起来，注意动作间的流畅过渡。

（3）反复演练：通过反复练习，提高动作的自然性和协调性，加强肌肉记忆。

七、第 18–22 式　并步平刺、左弓步拦、右弓步拦、左弓步拦、进步反刺

正面动作示范 6.1　背面动作示范 6.2

（一）并步平刺

1. 动作学习

（1）摆脚摆手：起始动作，左脚移步，同时摆动双手（图 2-60）。

（2）并步平刺：并步，同时执行平刺动作，剑身保持水平（图 2-61）。

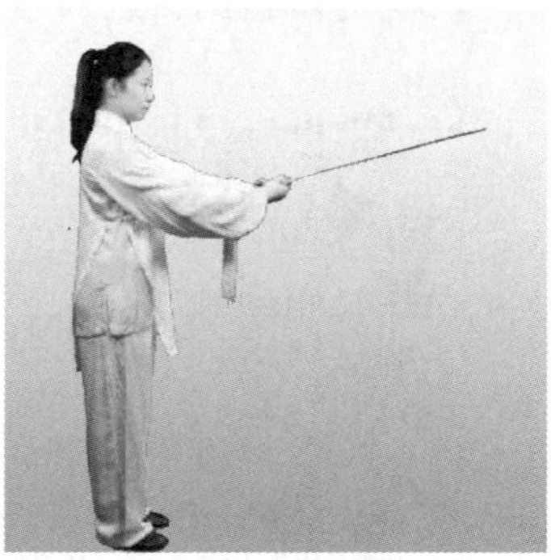

图 2-60　摆脚摆手　　　　图 2-61　并步平刺

2. 动作重、难点

重点：保持剑法的准确性和身体的平衡。

难点：在执行并步平刺时，协调手脚动作和剑法的流畅过渡，尤其是在平刺时的剑法控制和身体姿势。

3. 动作要领

（1）摆脚摆手：在左脚移步时，注意脚尖转向正东，确保步伐的准确性。

（2）并步平刺：在执行平刺动作时，左手剑指经腰间翻转变为掌，捧托于右手下，双手心朝上。同时注意保持两腿立直，剑身与胸部保持同高。

4. 易犯错误及纠正方法

错误：在执行平刺时剑法不准确，或身体姿势不稳定。

纠正方法：专注于剑法的准确性和平衡的维持，通过反复练习确保动作的准确性和流畅性。

5. 练习方法

（1）分解练习：分别单独练习摆脚、摆手和并步平刺，专注于每个步骤的技术细节。

（2）组合练习：将摆脚摆手和并步平刺组合起来，注意动作间的流畅过渡。

（3）反复演练：通过反复练习，提高动作的自然性和协调性，加强肌肉记忆。

（二）左弓步拦

1. 动作学习

（1）踮脚转身举剑（左脚掌点地）：开始时，左脚掌点地，同时踮脚转身并举起剑（图 2-62）。

（2）绕剑上步：继续执行绕剑动作的同时，上步（图 2-63）。

（3）弓步拦剑：进入弓步姿势并执行拦剑动作（图 2-64）。

图 2-62　踮脚转身举剑

图 2-63　绕剑上步

图 2-64　弓步拦剑

2. 动作重、难点

重点：保持剑法的准确性和身体的平衡。

难点：在执行弓步拦剑时，协调步伐和剑法的流畅过渡，尤其是保持正确的弓步方向和剑柄位置。

3. 动作要领

弓步拦剑：弓步的方向为东偏北约 30° ，剑柄对着左额角。在执行动作时注意沉肩，确保剑法的准确性和流畅性。

4. 易犯错误及纠正方法

错误：在执行弓步拦剑时，步伐方向不准确或剑法不稳定。

纠正方法：专注于弓步的方向和剑法的稳定性，通过反复练习确保动作的准确性和流畅性。

5. 练习方法

（1）分解练习：分别单独练习踮脚转身举剑、绕剑上步和弓步拦剑，专注于每个步骤的技术细节。

（2）组合练习：将这些动作组合起来，注意动作间的流畅过渡。

（3）反复演练：通过反复练习，提高动作的自然性和协调性，加强肌肉记忆。

（三）右弓步拦

1. 动作学习

（1）转腰撇脚举剑：起始动作中，转动腰部，同时撇动脚步并举起剑（图 2-65）。

（2）收脚转身绕剑：在收脚时转身，同时绕剑动作，右脚尖点地（图 2-66）。

（3）弓步拦剑：进入弓步姿势并执行拦剑动作（图 2-67）。

图 2-65 转腰撇脚举剑

图 2-66 收脚转身绕剑

图 2-67 弓步拦剑

2. 动作重、难点

重点：保持剑法的准确性和身体的平衡。

难点：在执行弓步拦剑时，协调步伐和剑法的流畅过渡，特别是保持正确的弓步方向和剑柄位置。

3. 动作要领

弓步拦剑点：弓步的方向为东偏南约 30° ，剑柄同头高且对着右额角，注意要沉肩。

4. 易犯错误及纠正方法

错误：在执行弓步拦剑时，步伐方向不准确或剑法不稳定。

纠正方法：专注于弓步的方向和剑法的稳定性，通过反复练习确保动作的准确性和流畅性。

5. 练习方法

（1）分解练习：分别单独练习转腰撇脚举剑、收脚转身绕剑和弓步拦剑，专注于每个步骤的技术细节。

（2）组合练习：将这些动作组合起来，注意动作间的流畅过渡。

（3）反复演练：通过反复练习，提高动作的自然性和协调性，加强肌肉记忆。

（四）左弓步拦

1. 动作学习

（1）踮脚转身举剑，绕剑上步：开始时，后坐翘脚，同时踮脚转身并举起剑，继续执行上步绕剑动作（图 2-68）。

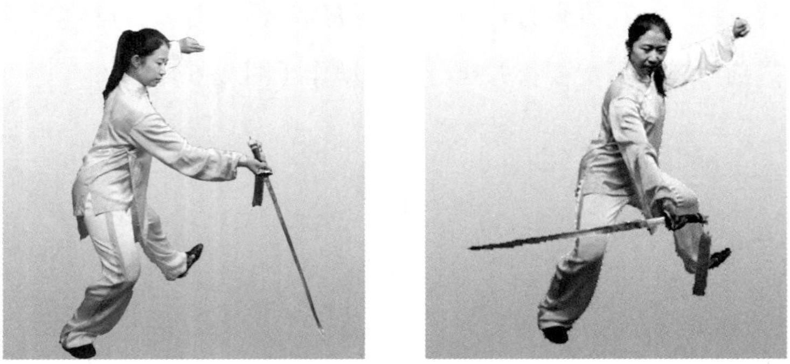

图 2-68　踮脚转身举剑

（2）弓步拦剑：进入弓步姿势并执行拦剑动作（图 2-69）。

图 2-69　弓步拦剑

2. 动作重、难点

重点：保持剑法的准确性和身体的平衡。

难点：在执行弓步拦剑时，协调步伐和剑法的流畅过渡，尤其是保持正确的弓步方向和剑柄位置。

3. 动作要领

弓步拦剑：弓步的方向为东偏北约 30°，剑柄对着左额角。在执行动作时注意沉肩，确保剑法的准确性和流畅性。

4. 易犯错误及纠正方法

错误：在执行弓步拦剑时，步伐方向不准确或剑法不稳定。

纠正方法：专注于弓步的方向和剑法的稳定性，通过反复练习确保动作的准确性和流畅性。

5. 练习方法

（1）分解练习：分别单独练习踹脚转身举剑、绕剑上步和弓步拦剑，专注于每个步骤的技术细节。

（2）组合练习：将这些动作组合起来，注意动作间的流畅过渡。

（3）反复演练：通过反复练习，提高动作的自然性和协调性，加强肌肉记忆。

（五）进步反刺

1. 动作学习

（1）上步高歇步坐盘后刺：起始动作中，进行上步高歇步，同时两手在腰间合手，剑贴身进行后刺（图 2-70）。

（2）挑剑上步：执行挑剑动作的同时上步，为高歇步姿势，重心位于两脚之间，眼睛注视剑尖（图 2-71）。

图 2-70 上步高歇步坐盘后刺

图 2-71 挑剑上步

（3）弓步反刺剑：转换为弓步姿势并执行反刺剑动作。剑柄与头部同高，剑尖与喉部同高，弓步方向朝向正东，两脚横向距离约 30 厘米（图 2-72）。

图 2-72 弓步反刺剑

2. 动作重、难点

重点：协调步伐和剑法的顺畅过渡，保持身体平衡。

难点：在执行弓步反刺剑时，保持剑法的准确性和身体的正确姿势，特别是剑柄和剑尖的高度控制。

3. 动作要领

（1）上步高歇步坐盘后刺：两手在腰间合手，剑要贴身，确保后刺动作的准确性。

（2）挑剑上步：此时为高歇步，重心在两脚之间，保持重心平衡，眼看剑尖方向。

（3）弓步反刺剑：在弓步姿势中，注意剑柄和剑尖的高度控制，以及步伐的正确方向。剑柄同头高，剑尖高同喉部。弓步朝向正东，两脚横向距离约 30 厘米。

4. 易犯错误及纠正方法

错误：在执行弓步反刺剑时，剑法方向不准确或身体姿势不稳定。

纠正方法：专注于剑法的准确性和身体姿势的稳定性，通过反复练习确保动作的准确性和流畅性。

5. 练习方法

（1）分解练习：分别单独练习上步高歇步坐盘后刺、挑剑上步和弓步反刺剑，专注于每个步骤的技术细节。

（2）组合练习：将这些动作组合起来，注意动作间的流畅过渡。

（3）反复演练：通过反复练习，提高动作的自然性和协调性，加强肌肉记忆。

八、第 23–26 式　反身回劈、虚步点剑、独立平托、弓步挂劈

正面动作示范 7.1　背面动作示范 7.2

（一）反身回劈

1. 动作学习

（1）坐腿扣脚转身：进行坐腿扣脚的动作，同时转身（图 2–73）。

（2）坐腿收脚举剑：执行坐腿动作，同时收脚并举剑，注意右脚尖点地（图 2–74）。

（3）弓步劈剑：进入弓步姿势，并执行劈剑动作（图 2–75）。

2. 动作重、难点

重点：保持剑法的准确性和身体的平衡。

难点：在执行弓步劈剑时，协调步伐和剑法的流畅过渡，特别是保持正确的弓步

方向和劈剑的力度控制。

图 2-73　坐腿扣脚转身

图 2-74　坐腿收脚举剑

图 2-75　弓步劈剑

3. 动作要领

弓步劈剑：在执行弓步劈剑时，注意弓步的方向应为西偏北约 30°。确保剑法的准确性和动作的流畅性。

4. 易犯错误及纠正方法

错误：在执行弓步劈剑时，步伐方向不准确或剑法不稳定。

纠正方法：专注于弓步的方向和剑法的稳定性，通过反复练习确保动作的准确性和流畅性。

5. 练习方法

（1）分解练习：分别单独练习坐腿扣脚转身、坐腿收脚举剑和弓步劈剑，专注于每个步骤的技术细节。

（2）组合练习：将这些动作组合起来，注意动作间的流畅过渡。

（3）反复演练：通过反复练习，提高动作的自然性和协调性，加强肌肉记忆。

（二）虚步点剑

1. 动作学习

（1）收脚落手：起始动作中，收回脚步，同时落下手部，脚尖点地（图 2-76）。

（2）转身上步举剑：继续转身的同时上步，并举起剑（图 2-77）。

（3）虚步前点：转换为虚步姿势，并进行前点剑动作（图 2-78）。

2. 动作重、难点

重点：协调身体动作与剑法的顺畅过渡。

难点：在执行转身上步举剑和虚步前点时，保持身体平衡和剑法的准确性。

图 2-76　收脚落手

图 2-77　转身上步举剑

图 2-78　虚步前点

3. 动作要领

转身上步举剑：在执行转身上步时，注意左脚跟落地，方向应指向正南。保持动作的流畅性和剑法的协调性。

4. 易犯错误及纠正方法

错误：在执行虚步前点时，身体平衡不稳或剑法不准确。

纠正方法：专注于身体平衡的维持和剑法的精确控制，通过反复练习确保动作的准确性和流畅性。

5. 练习方法

（1）分解练习：分别单独练习收脚落手、转身上步举剑和虚步前点，专注于每个步骤的技术细节。

（2）组合练习：将这些动作组合起来，注意动作间的流畅过渡。

（3）反复演练：通过反复练习，提高动作的自然性和协调性，加强肌肉记忆。

（三）独立平托

1. 动作学习

（1）插步绕剑：动作开始时，进行插步同时绕剑。关键要点在于右手的腕花动作，之后两手相合（图 2-79）。

（2）转身独立上托剑：进行转身动作，同时进入独立姿势，并上托剑。右手活把握剑，手心朝外，剑身保持水平，剑尖朝前，举于头侧上方（图 2-80）。

2. 动作重、难点

重点：协调身体动作与剑法的顺畅过渡。

难点：在执行转身独立上托剑时，保持身体平衡和剑法的准确性，尤其是剑身的

图 2-79 插步绕剑

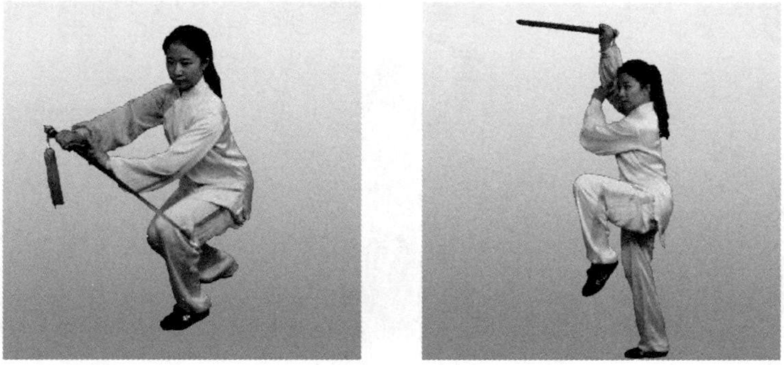

图 2-80 转身独立上托剑

水平和剑尖的方向。

3. 动作要领

（1）插步绕剑：注意右手腕花动作的准确性，之后两手要相合，保持动作的流畅性。

（2）转身独立上托剑：在转身进入独立姿势时，注意右手的握剑方式，活把握剑，保持剑身水平，剑尖朝前，举于头侧上方。

4. 易犯错误及纠正方法

错误：在执行上托剑时，剑法不稳定或身体平衡失调。

纠正方法：专注于身体平衡的练习和剑法的准确性，通过反复练习确保动作的准确性和流畅性。

5. 练习方法

（1）分解练习：分别单独练习插步绕剑和转身独立上托剑，专注于每个步骤的技术细节。

（2）组合练习：将这些动作组合起来，注意动作间的流畅过渡。

（3）反复演练：通过反复练习，提高动作的自然性和协调性，加强肌肉记忆。

（四）弓步挂劈

1. 动作学习

（1）落脚转体左挂剑：起始动作中，先落脚同时转动身体，执行左挂剑（图 2-81）。

（2）举剑上步：举起剑的同时上步（图 2-82）。

（3）弓步平劈剑：转换为弓步姿势并执行平劈剑动作（图 2-83）。

图 2-81　落脚转体左挂剑

图 2-82　举剑上步

图 2-83　弓步平劈剑

2. 动作重、难点

重点：保持剑法的准确性和身体的平衡。

难点：在执行弓步平劈剑时，协调步伐和剑法的流畅过渡，特别是保持正确的弓步方向和劈剑的力度控制。

3. 动作要领

弓步平劈剑：在执行弓步平劈剑动作时，注意弓步和劈剑的方向应为正西。确保剑法的准确性和动作的流畅性。

4. 易犯错误及纠正方法

错误：在执行弓步平劈剑时，步伐方向不准确或剑法不稳定。

纠正方法：专注于弓步的方向和剑法的稳定性，通过反复练习确保动作的准确性和流畅性。

5. 练习方法

（1）分解练习：分别单独练习落脚转体左挂剑、举剑上步和弓步平劈剑，专注于每个步骤的技术细节。

（2）组合练习：将这些动作组合起来，注意动作间的流畅过渡。

（3）反复演练：通过反复练习，提高动作的自然性和协调性，加强肌肉记忆。

九、第 27–29 式 虚步抡劈、撤步反击、进步平刺

正面动作示范 8.1　背面动作示范 8.2

（一）虚步抡劈

1. 动作学习

（1）撇脚转腰后抡剑：开始动作时，撇脚同时转动腰部，并抡起剑（图 2–84）。

（2）上步举剑：进行上步的同时举起剑，注意举剑动作不能做成背剑或触及身体（图 2–85）。

（3）虚步下劈剑：进入虚步姿势，并执行下劈剑动作（图 2–86）。

图 2–84　撇脚转腰后抡剑

图 2–85　上步举剑

图 2–86　虚步下劈剑

2. 动作重、难点

重点：协调身体动作与剑法的顺畅过渡。

难点：在执行虚步下劈剑时，保持剑法的准确性和动作的流畅性，尤其是区分下劈剑与点剑的不同。

3. 动作要领

（1）上步举剑：在举剑时，注意不要做成背剑或让剑触及身体，确保动作的准确性。

（2）虚步下劈剑：在执行下劈剑时，明确与点剑的区别，确保剑法的准确性和动作的流畅性。

4. 易犯错误及纠正方法

错误：在执行虚步下劈剑时，剑法不准确，或与点剑混淆。

纠正方法：加强对下劈剑与点剑区别的理解和练习，专注于剑法的准确性和动作的流畅性。

5. 练习方法

（1）分解练习：分别单独练习撇脚转腰后抡剑、上步举剑和虚步下劈剑，专注于每个步骤的技术细节。

（2）组合练习：将这些动作组合起来，注意动作间的流畅过渡。

（3）反复演练：通过反复练习，提高动作的自然性和协调性，加强肌肉记忆。

（二）撤步反击

1. 动作学习

（1）撤步合剑：开始时进行撤步动作，同时合剑。在提脚时注意离地，但不要做成独立步（图 2-87）。

（2）转身侧弓步反击剑：随后进行转身动作，进入侧弓步姿势，并执行反击剑动作（图 2-88）。

图 2-87　撤步合剑

图 2-88　转身侧弓步反击剑

2. 动作重、难点

重点：协调撤步、转身和剑法的顺畅过渡。

难点：在执行转身侧弓步反击剑时，保持身体平衡和剑法的准确性，特别是在撤步和击剑方向的协调。

3. 动作要领

转身侧弓步反击剑：在撤步时，注意前脚掌先落地。同时，撤步和击剑的方向应为东北方，保持动作的准确性和流畅性。

4. 易犯错误及纠正方法

错误：在执行撤步反击时，步伐方向不准确或剑法不稳定。

纠正方法：专注于步伐的方向和剑法的稳定性，通过反复练习确保动作的准确性和流畅性。

5. 练习方法

（1）分解练习：分别单独练习撤步合剑和转身侧弓步反击剑，专注于每个步骤的技术细节。

（2）组合练习：将这些动作组合起来，注意动作间的流畅过渡。

（3）反复演练：通过反复练习，提高动作的自然性和协调性，加强肌肉记忆。

（三）进步平刺

1. 动作学习

（1）转身摆剑：开始动作时，摆动剑身的同时收回脚步。注意在提脚时离地，但动作不要做成独立步（图 2-89）。

图 2-89　转身摆剑

（2）上步卷收剑：进行上步动作，同时卷收剑（图 2-90）。

（3）弓步上步直刺：进入弓步姿势并上步，执行直刺剑法（图 2-91）。

2. 动作重、难点

重点：协调步伐和剑法的顺畅过渡，保持剑法的准确性和身体的平衡。

难点：在执行弓步上步直刺时，确保步伐准确，剑法流畅且直刺精准。

3. 动作要领

（1）摆剑收脚：保持剑身的控制和脚步的稳定性。

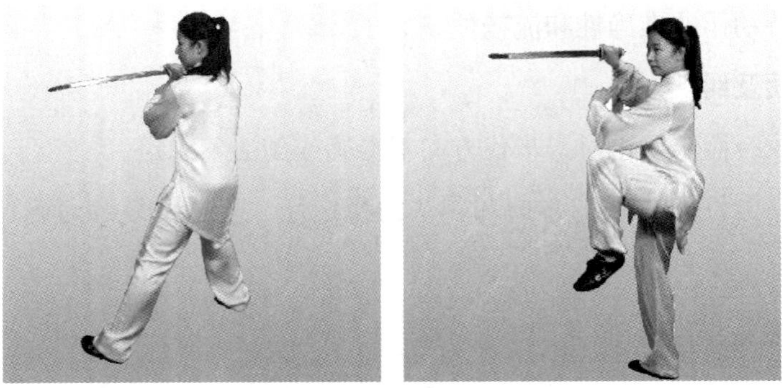

图 2-90　上步卷收剑

图 2-91　弓步上步直刺

（2）上步卷收剑：注意剑法的流畅性和协调性。

（3）弓步上步直刺：保持剑尖的直线运动和步伐的准确性。

4. 易犯错误及纠正方法

错误：在执行直刺时剑法不准确或步伐不稳定。

纠正方法：专注于剑法的准确性和步伐的稳定性，通过反复练习确保动作的准确性和流畅性。

5. 练习方法

（1）分解练习：分别单独练习摆剑收脚、上步卷收剑和弓步上步直刺，专注于每个步骤的技术细节。

（2）组合练习：将这些动作组合起来，注意动作间的流畅过渡。

（3）反复演练：通过反复练习，提高动作的自然性和协调性，加强肌肉记忆。

十、第 30–32 式 丁步回抽、旋转平抹、弓步直刺

正面动作示范 9.1　背面动作示范 9.2

（一）丁步回抽

1. 动作学习

收脚抽剑，倒带怀中：开始时，收回脚步并抽剑。在抽剑过程中，右手先外旋，将剑略微上提，然后沿着一个向后、向下的弧线将剑抽至腹前。定势时，上体侧向西方，保持剑面与身体相距约 30 厘米，避免剑刃贴紧身体（图 2–92）。

图 2–92　收脚抽剑，倒带怀中

2. 动作重、难点

重点：协调剑法的流畅性和身体的平衡。

难点：在执行抽剑动作时，确保剑法的准确性和上体的正确侧向。

3. 动作要领

在抽剑过程中，注意右手的外旋和剑身的轨迹。

确保定势时上体正确侧向西方，并保持剑面与身体的适当距离。

4. 易犯错误及纠正方法

错误：剑法不准确，剑身轨迹不正确，或上体侧向不准确。

纠正方法：专注于剑法的轨迹和上体的正确姿势，通过反复练习确保动作的准确性和流畅性。

5. 练习方法

（1）分解练习：专注于练习收脚抽剑的每个步骤，特别是剑法的轨迹和上体的侧向。

（2）组合练习：在掌握单个动作后，将其与其他动作组合，注意动作间的流畅过渡。

（3）反复演练：通过反复练习，加强肌肉记忆，提高动作的自然性和协调性。

（二）旋转平抹

1. 动作学习

（1）摆步横剑：开始动作时，进行摆步同时横持剑身（图 2-93）。

（2）扣脚转身：继续执行扣脚动作的同时，转动身体（图 2-94）。

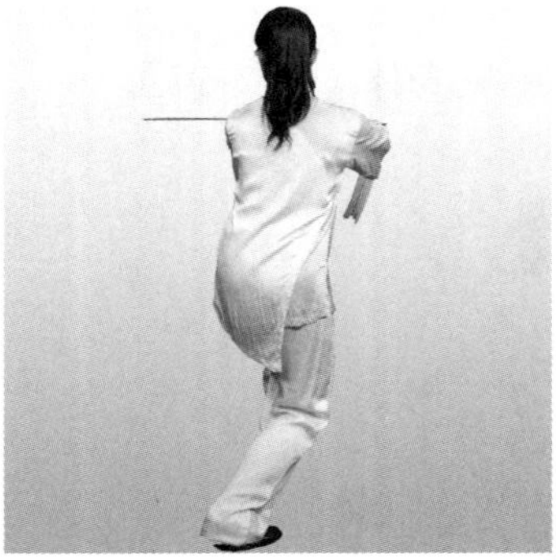

图 2-93　摆步横剑

图 2-94　扣脚转身

（3）踮脚虚步平抹剑：进入踮脚虚步姿势并平抹剑（图 2-95）。

图 2-95　踮脚虚步平抹剑

2. 动作重、难点

重点：协调步伐和剑法的顺畅过渡。

难点：在执行扣脚转身和踮脚虚步平抹剑时，保持身体平衡和剑法的准确性。

3. 动作要领

扣脚转身：在转身时，注意两脚尖相对呈八字形，以保持身体的平衡和转身的流畅性。

4. 易犯错误及纠正方法

错误：在执行扣脚转身时身体平衡失调或动作不流畅。

纠正方法：专注于身体平衡的维持和转身动作的流畅性，通过反复练习确保动作的准确性和协调性。

5. 练习方法

（1）分解练习：分别单独练习摆步横剑、扣脚转身和踮脚虚步平抹剑，专注于每个步骤的技术细节。

（2）组合练习：将这些动作组合起来，注意动作间的流畅过渡。

（3）反复演练：通过反复练习，提高动作的自然性和协调性，加强肌肉记忆。

（三）弓步直刺

1. 动作学习

（1）收脚收剑：起始动作中，收回脚步的同时收回剑。

（2）弓步直刺剑：执行弓步动作并直刺剑。左脚先提起，收至右脚内侧后再向前迈出；左剑指先收至腰间，随后附于右腕，一齐将剑刺出（图 2-96）。

图 2-96 弓步直刺剑

2. 动作重、难点

重点：协调步伐和剑法的顺畅过渡，保持剑法的准确性和身体的平衡。

难点：在执行弓步直刺剑时，确保步伐准确，剑法流畅且直刺精准。

3. 动作要领

弓步直刺剑：在执行直刺时，注意右腕与剑一起刺出，剑柄正对胸前，不偏左或偏右，保持剑法的准确性。

4. 易犯错误及纠正方法

错误：在执行直刺时剑法不准确或步伐不稳定。

纠正方法：专注于剑法的准确性和步伐的稳定性，通过反复练习确保动作的准确性和流畅性。

5. 练习方法

（1）分解练习：分别单独练习收脚收剑和弓步直刺剑，专注于每个步骤的技术细节。

（2）组合练习：将这些动作组合起来，注意动作间的流畅过渡。

（3）反复演练：通过反复练习，提高动作的自然性和协调性，加强肌肉记忆。

（四）收势

（1）接剑转身：接剑时，左手心向外，拇指向下，与右手相对；两肘与肩同高，注意松肩沉肘，不可上耸（图 2-97）。

图 2-97　接剑转身

（2）上步收脚摆剑：左手从眼前画弧收到体侧，右手跟着画弧收到体侧，高度同耳朵（图 2-98）。

（3）并步还原（图 2-99）。

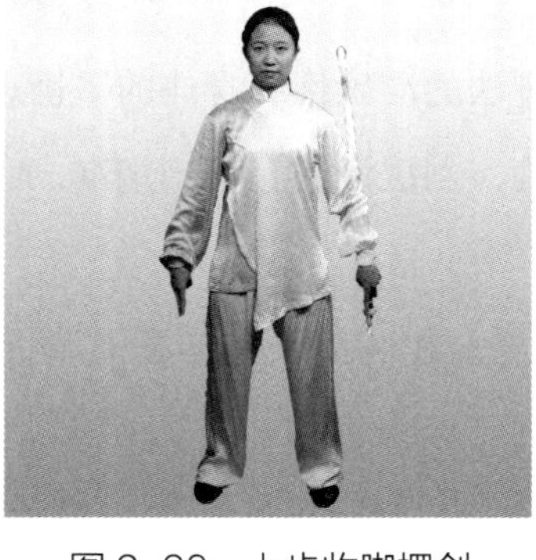

图 2-98　上步收脚摆剑

图 2-99　并步还原

第三章　专项身体素质篇

太极剑是一种融合了太极拳和剑术的武术运动，它以太极拳为基础，通过剑的运用，强调身、剑、意三者合一，注重身姿、剑法、呼吸与步法的协调统一，要求身体的稳定性和灵活性，而腿部力量和身体核心力量是保持身体平衡和稳定的关键。在练习中不仅要注重技术动作的准确性，还需要加强腿部肌肉的拉伸、力量训练和核心力量的训练，注重肌肉的耐力训练，提高肌肉的持久力和抗疲劳能力，使身体姿势更加优美，动作更加流畅自然。

练习方法 1：燕子平衡

（1）动作过程：双手抓握杠铃，寻找好单手抓握杠铃的平衡点，如图 3-1（a）所示；俯身向前，手臂随身体的下俯自然下沉，保持手臂与地面垂直，上体保持支撑，支撑腿维持好身体平衡，如图 3-1（b）所示；缓慢起身，还原到起始动作，如图 3-1（c）所示；换另一侧动作，如图 3-1（d）所示，还原，如图 3-1（e）所示。

（2）控制节奏：注意控制节奏和速度，不要过快或过慢。保持稳定的呼吸和动作。

（3）重复练习：建议每组左、右侧各 10 个，共 5 组，逐渐增加次数和难度。

（4）保持平衡：在俯身的过程中，要保持身体的平衡和稳定。

（5）注意呼吸：在练习过程中，要注意呼吸的配合和控制。在俯身时吸气，然后在还原时呼气，以帮助提升锻炼效果。

练习方法 2：障碍跳

（1）动作过程：站在障碍物前，如图 3-2（a）所示；单腿提起，准备起跳，如图 3-2（b）所示；跳起越过障碍物，在单腿跳的过程中，膝盖需要保持适度的弯曲，以确保足够的缓冲和力量，如图 3-2（c）所示；落地还原，如图 3-2（d）所示，循环往复。

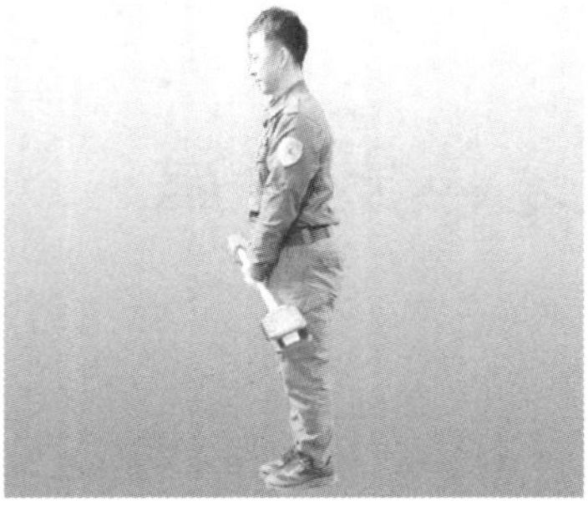

（a）

（b）

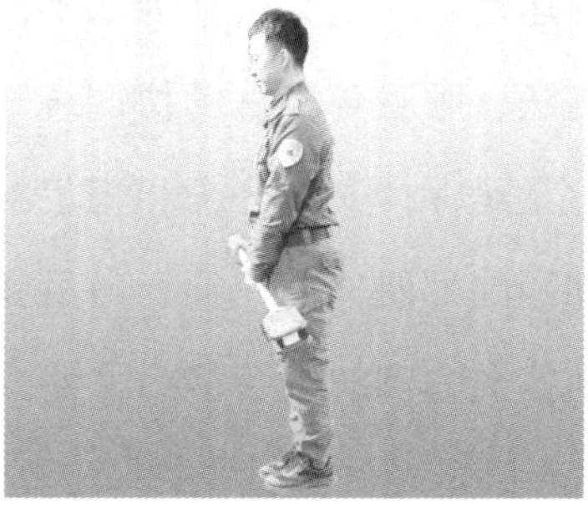

（c）

（d）

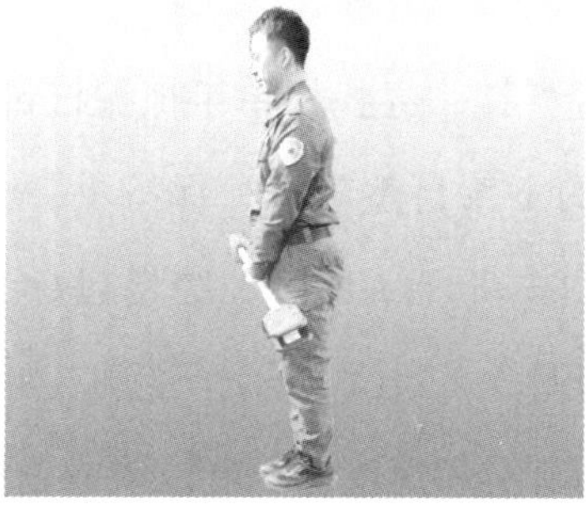

（e）

图 3-1　燕子平衡

（2）控制节奏：注意跳起和落地时身体的缓冲，保持稳定的呼吸和动作。

（3）重复练习：建议每组左、右侧各 10 个，共 5 组，逐渐增加次数和难度。

（4）保持平衡：在跳跃的过程中，保持身体的平衡和稳定。

（5）注意呼吸：在练习过程中，要注意呼吸的配合和控制。在起跳时吸气，然后落地时呼气，以帮助提升锻炼效果。

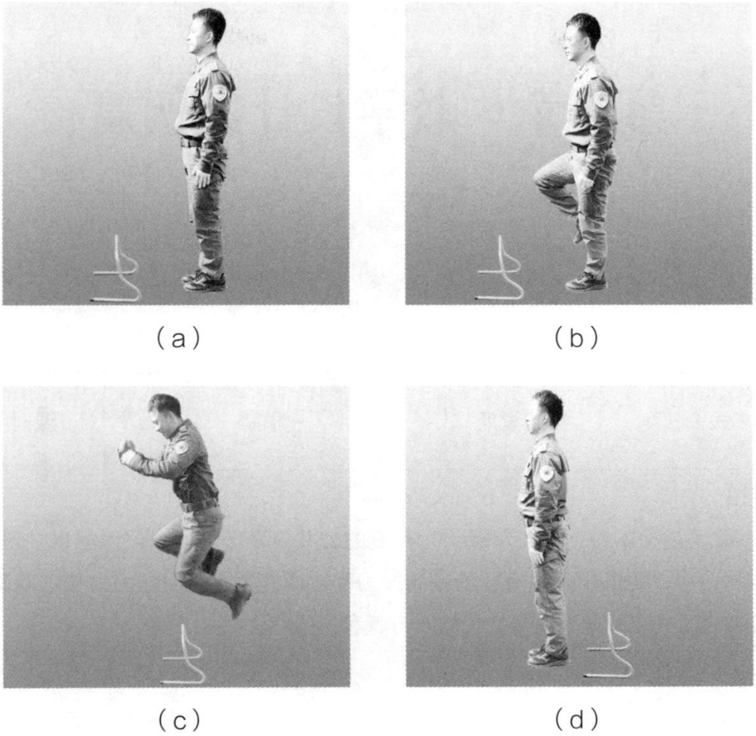

图 3-2 障碍跳

第四章　教学设计案例篇

学习主题	32 式太极剑	实施学期	一学期	课时	18 学时

1. 主题概述

《太极剑》课程是为本科一、二年级学生开设的公共体育必修课，该课程以学习 32 式太极剑套路为主要技术内容，提高学生对身体的控制能力和协调能力；同时学习太极剑基础理论，全面培养学生对太极剑的兴趣并成为太极文化的践行者和传播者。

2. 学情分析

上课对象是大学一、二年级学生，大部分为太极剑初学者，学生好动，思维敏捷，接受新事物速度快，善于研究和发现，但是，初级阶段学生还没有完全掌握运动项目的学习规律，对技能性运动项目的操作有一定的难度，随着练习次数的增多，学生会随之掌握学习规律，从而加强对项目的认知，提高学习效率。本课程采用理论联系实践的教学方法，在理论认知的基础上，激发学生学习的兴趣，积极投入到技术学习中，最后将理论带入到实际生活中，引导学生积极地面对生活时事。

3. 学习目标

（1）基本知识目标：使学生能够独立地进行技术动作的演练，领会太极文化内涵，完成基本知识目标。

（2）能力提高目标：以“身”去体悟太极哲理，以“心”去感悟中国文化的魅力。

（3）思政教育目标：增强学生的民族自信和文化自信，努力实现以德树人、以武育人的教育目标。

4. 教学过程

课次	传统文化	学习内容	设计意图	思政要点
1	武术礼节 太极剑历史与文化、分类、风格特点	起势 并步点剑 独立反刺	通过了解太极剑的历史，了解起源和发展过程，学生可以更深入地理解它们的本质和意义，从而更好地掌握技术动作。	引导学生懂得太极剑礼仪，培养以礼待人的习惯，潜移默化中感悟传统文化的魅力，提升个人的精气神。

续表

课次	传统文化	学习内容	设计意图	思政要点
2	太极剑文化的动静观	仆步横扫 向右平带 向左平带 独立抡劈	结合传统文化中的哲学思想，进一步阐述太极剑中动静观的内涵和意义，分析这些招式和套路中的动与静变化。	鼓励学生将太极剑的哲学思想融入日常生活中，培养他们内外兼修、注重身心合一的品质。
3	合文化	退步回抽 独立上刺 虚步下截	从“内外兼修、身心合一”入手，引导学生体会合文化的思想。继而带入到剑法、身法的协调、配合，以达到整体和谐的效果，也是合文化的具体表现。	启发学生在日常生活中注重追求整体平衡，各方面的平衡发展，注重身心健康和全面发展，以达到整体平衡的状态。
4	圆文化	左弓步刺 转身斜带 缩身斜带	通过对圆形建筑等的引入，传达圆代表了完整、完美和循环，体现了事物发展的连续性和流转性的传统文化特点，从而引导到太极剑的圆形动作和剑法，体现它的圆满、循环、流畅的思想。	指导学生以圆润的态度待人接物，以圆通的态度看待事物，提升技能，形成不断循环的自我提升过程。
5	虚实文化	提膝捧剑 跳步平刺 左虚步撩 右弓步撩 转身回抽	引用道家的“无为而无不为”，世间万物都存在阴阳两面，相互依存、相互转化。太极剑的虚实相生，正是这种哲学思想的体现，通过虚实的相互转化，达到攻守兼备、以柔克刚的效果。	引导学生在面对生活中的问题时，要掌握虚实之间的关系，分析实际情况，找准重点，既要看到问题的表面现象，也要理解其深层原因，全面地解决问题。
6	艺术美学	并步平刺 左弓步拦 右弓步拦 左弓步拦 进步反刺	解读太极剑的每一个动作的精心设计，详解符合人体的生理结构和运动规律的动作，人与剑的和谐统一，它蕴含了中国人对自然、生命、和谐、平衡等价值观的追求和表达，也展示了中国人民的智慧和创造力。	每一个动作都有其内涵和意境，富有诗意和画意。太极剑的美感不是靠华丽的外表，而是靠内在的修养和气质。鼓励学生锻炼身体，陶冶情操，提升艺术境界。

续表

课次	传统文化	学习内容	设计意图	思政要点
7	以柔克刚 大智慧	反身回劈 虚步点剑 独立平托 弓步挂劈	通过“以柔克刚”的事例，引出太极精华，如何引、化、发，有助于学生更好地理解和掌握太极剑的精髓，培养他们的柔性和身体灵活性。	鼓励学生将太极剑的艺术思想融入日常生活中，培养他们注重造型美、动态美和整体和谐的品质。
8	自然文化观	虚步抡劈 撤步反击 进步平刺	依托水流的顺势而行、风云的变化无常、雷电的猛烈迅速，结合太极剑法，反映了中国人对自然和谐的追求和尊重。	引导学生在生活中顺应自然规律、追求内在平衡、尊重个体差异、倡导和谐共处、提升自我修养。
9	整体运动思维 文化	丁步回抽 旋转平抹 弓步直刺 收势	太极拳和剑术的风格特点体现了太极剑的整体性思维，强调在统一的体系中融合不同元素，创造出一个完整而和谐的艺术形式。	通过身心合一、整体协调、意念控制等练习，帮助学生更好地调节自己的身体和内心状态，提高生活质量和工作效率。

5. 评价

（1）运动能力评价：能够用语言描述出技术动作要领。

（2）太极文化评价：结合中国传统文化，说出 1~2 个太极文化特点。

（3）健康意识评价：说出太极剑运动对身体的益处。

（4）道德品质评价：武以德立，互相尊重，遵守规则，团结互助。

6. 测试

（1）观看太极剑竞技比赛，与老师同学分享观看心得。

（2）测试考核。

7. 学习资源

（1）利用学校网络学习平台和教师资源，在学校操场、公园及宿舍等地点完成课前预习、课中学习、课后复习以及体能练习。

（2）自行组队进行小组练习和展示。

28式太极扇

正面完整动作示范

背面完整动作示范

第一章　理论篇

第一节　太极扇的历史渊源和文化传承

古往今来，扇子给人们的生活增添了乐趣，与人们结下了不解之缘，特别是在文人墨客和风流雅士的推动下，与扇子有关的文化艺术形式层出不穷。扇书就是其一。扇面书法历史悠久，我国古代书法大家均有扇面书法之作。《晋书》里记载：一老妇人卖扇，生意冷清，无人问津。大书法家王羲之为老妇人在所卖扇子上题字后，有识之士愿意以每字百钱购买。扇画又受到古代文人的追捧。自古以来，文人墨客在扇面上作画，众多扇画作品成为扇文化的代表。宋代的苏轼、明代的唐寅、清代的石涛，包括近现代的徐悲鸿和齐白石，都曾在扇面上写生作画。在北京故宫博物院里还珍藏着300多柄元明清时期的书画扇。此外还有扇诗、扇联和扇谜。除了扇面上的艺术，还有扇骨的艺术，扇钉、扇坠的艺术。

太极扇作为中国传统文化中的一部分，具有深厚的历史底蕴和丰富的文化内涵。“太极”一词源于《周易》。《周易》有“易有太极，是生两仪，两仪生四象，四象生八卦”之语，意指万物始生之意，有时也借指天地未分之前所呈现的元气状态。太极拳与太极扇都以“太极”为指导思想，因此得名。两者在表现形式上有所不同，但本质上都是追求阴阳平衡、动静相宜的哲学思想。太极扇的历史渊源可以追溯到中国的明清时期。当时，扇子不仅是文人墨客的随身物品，也被一些武术家融入武术中，成为一种独特的器械，经过长时间的实践和创新，太极扇逐渐形成，并成为一种融合了太极拳和扇术的武术器械。太极扇的发展与太极拳、剑等武术形式有着密切的联系，太极扇经常被视为太极拳的一种衍生器械，因为它的技术和动作与太极拳有许多相似之处。太极扇的动作紧凑、舒展大方、迈步如猫行，运劲如抽丝，既传承了民间扇术技术，又集太极扇基本功、武术套路基本功和造型基本功于一体，从而构成了一种动作优美流畅、造型潇洒飘逸的武术形式。在发展过程中，太极扇也借鉴了其他武术器械的特点。例如，扇子的开合、旋转、舞动等动作与剑术中的动作有一定的相似性，因此扇子也被称为“软剑”，扇子的轻盈和灵巧也借鉴了刀术的一些技巧和动作。随着时间的推移，太极扇逐渐成为一种受到广泛欢迎的武术形式。它不仅具有健身养生的作用，还可以提高身体的协调性和灵活性，增强身体的柔韧性和力量。此外，太极扇的表演性和观赏性也得到了广泛的认可，成为一种具有文化内涵的艺术形式。现如今，太极扇已经成为一种极受欢迎的健身养生运动，为人们带来了健康和快乐。它不仅具有健身养生的作用，还具有观赏性和表演性，成为一种具有文化内涵的艺术形式，它融合了武术、舞蹈、哲学等，是中国传统文化的重要组成部分。

太极哲学认为万物都是由阴阳两极相互作用而形成的，强调阴阳互济、阴阳调和、阴阳互根。在太极扇的演练中，这些哲学思想也得到了充分的体现。首先，太极扇注重“以柔克刚”。这与太极哲学中的“柔中带刚、守中不攻”的策略相一致。在演练太极扇时，要求动作流畅、协调，以柔化刚，以守为攻，以退为进。这种策略不仅是一种武术技巧，更是一种人生哲学，告诫人们在面对困难和挑战时要以柔克刚，以智慧和耐心化解矛盾。其次，太极扇强调“内外兼修”。内是指内在的修养和心性，外是指外在的形体和动作。太极扇的演练要求内外合一，身心并重。通过外在的动作修炼，能够促进内在的气血流通和精神升华。这正是太极哲学中强调的“内外兼修、身心统一”的思想体现。另外，太极扇还体现了“天人合一”的哲学思想，在演练太极扇时，要求与自然相融合，与环境相协调。通过与自然的交流和互动，达到人与自然和谐共生的境界。这种思想告诫人们要尊重自然、顺应自然，与自然和谐共处。最后，在太极扇的演练中注重呼吸的配合和精神的修养，呼吸要与动作相协调，做到“气沉丹田、气随意行”，使内气充盈、饱满。同时也要注重精神的修养，保持内心的平静和专注，做到“心随意动、意气相合”。

太极扇作为中国传统文化中的瑰宝之一，具有深厚的历史底蕴和丰富的文化内涵。在历史长河中，它经历了漫长的发展历程并逐渐成熟和完善。如今，随着社会的进步和人们健康意识的提高，太极扇受到了广泛的欢迎和喜爱。为了更好地推广这项运动并传承中华文化，需要加强赛事活动、培训与教育以及国际化传播等方面的工作。通过这些努力，相信太极扇将会在未来的发展中焕发出更加绚丽的光彩。

第二节 中国古典美学视角下太极扇的美学特征

一、外形美

形是基础，是神、德、道的载体。形之所以美，有一定的内在规律，《国语》中楚国伍举论美：夫美也者，上下、内外、大小、远近皆无害也。古希腊学家毕达哥拉斯总结出“美是和谐与比例”，并发现了黄金分割律。可以看出中西方都对美的规律有过精炼的总结。在太极扇项目中，外形的美又有其特殊性，这种特殊性表现在动作规格上，在协调一致上，在掤劲上。

（1）动作规格美。比如扇法的正立开扇，规格要求开扇后两扇柄形成平角，一侧扇柄贴与前臂。如果扇子打开后两侧扇柄不能形成直角，给人的感觉就是扇子没有完全打开，不能体现扇子的“圆”；如果扇子打开后两侧扇柄形成了直角，但是扇柄没有贴于前臂，无论是超过前臂还是未达前臂，都会给人一种“不正”的感觉。对手型、手法、步型、步法、身型、身法、腿法、平衡等动作规格的要求基本上就是太极拳的动作规格要求。

（2）协调一致美。扇、手、眼、身和步都符合规格后，还需要它们之间协调配合。比如太极功夫扇动作“哪吒探海”，只有平稳的转身和标准的弓步是不够的，还需要在转身前扇子向左画弧收于腹前，收扇的同时重心右移，随之左脚收于右脚内侧，身体左转 180°，转身后左脚轻轻上步，眼睛目视前下方，左膝前弓的同时左手上抬，右扇向前刺出。整个动作要求上下协调一致，前后有序，主次分明。“周身掤劲”之美。掤，既是一种劲力，又是一种技法。太极拳八法有掤、捋、挤、按、采、挒、肘、靠，在八法当中，掤是最基本的，也是最重要的技法。这是由于太极拳的一招一式中，都要充满掤劲，在“捋、挤、按、采、挒、肘、靠”等技法当中，都含有掤的元素。所以，掤是无处不在的。在太极扇中有同样的要求，同样需要“身备五功”，如果没有掤劲或掤劲不足，动作松松垮垮，有气无力，即使动作规规矩矩，上下协调，在行家看来也称不上美。如太极扇动作怀中抱月，为虚步胸前平开扇，虚步的两腿有掤劲，上身的后撑有掤劲，才能支撑并凸显两臂外撑、扇子与右臂成一弧形而发出的掤劲。

（3）节节贯穿之美。扇法的劲力总是通过根节、中节、梢节节节贯穿之后发出。如杨式太极扇的金瓶倒水动作，左脚向后落步，重心移至左腿成右虚步，同时左手和右手的扇子在重心下沉的时候松踝、屈膝、松胯、松肩、悬臂、沉 腕，左手力达掌背，右手力达扇棒；之后两手欲上举，右手向前开扇，但劲力仍然以根为先，左膝微屈，两胯下沉，靠下盘沉的劲使两手举起，随之左脚踏实，左腿迅速伸直站立，利用身体上起的力使两肩内含、两臂内合，右手像鞭子一样向前下方抖出，随即松腕开扇，完成整个动作。通过这种节节贯穿的形式，使扇子的劲力流动起来，动作的气韵便跃然眼前。

二、神韵美

魏晋南北朝时期的顾恺之提出一个重要的美学思想“传神写照”，是说写形是手段，传神是目的，形是神存在的物质基础，神是形的灵魂。这一美学思想同样能够引用在太极扇项目中。在太极扇练习时，每一个开扇，每一个合扇，每一个扫扇，每一个穿扇都要与“神”相配合。我们在欣赏太极扇表演时，不仅要欣赏娴熟的扇法、优美的动作、合体的服装以及和谐的配乐，更重要的是感受贯穿于整个太极扇套路的灵魂，它的精神所在。在中医经典著作《素问》中记载“精中生气，气中生神”，《类经》中记载“精全则气全，气全则神全”，可知，“神”以“精”和“气”为基础。有了第一节阶段的“形美”的基础，动作的“精”和“气”已基本具备，太极扇练习者需保持不骄不躁的心态，勤学苦练，多思多想，进一步追求“神美”的境界。

（1）攻防意识美。太极扇项目的精神表达主要通过练习者理解每个动作的攻防含义，知道攻防含义后，再通过身法、扇法和眼神的配合把攻防含义表现出来，就有了攻防意识。有了攻防意识，动作才会有“思想”，才会有“神美”。太极扇套路里的每招每式都含有一定的攻防含义，如杨式太极扇“叶底采莲”动作，上左步的同时左手向前向左拦掌为防守，接着右手向前平开扇为攻击。知道攻防含义后，在做这个动作时，左脚上步和左手外揽要同时，揽掌力达掌外沿；右手向前开扇着力点要明确，并且在开扇的同时上身微向前探，右肩微向前送，充分表现攻击的意识。

（2）演练技巧美。太极扇的每一个动作都有一定的攻防技击含义，但是有一些动作的技击方法和攻防含义不明显，或者是与实战相差较远，存在艺术成分，这是受当代武术发展趋势的影响。对于那些艺术化的、攻防含义不明确的动作，要通过自身的感悟和想象去理解动作，再通过演练技巧表现动作的内涵，从而达到“神美”的效果。

三、动作名称美

“黄莺落架、凤凰旋舞、神龙返首、随风摆柳、迎风撩衣、翻花舞袖、推窗望月、风扫秋叶”，这些诗情画意的“四字格”式的词语就是太极扇的动作名称，其用词精炼贴切、寓意深远，又极具古典韵味，能传达给练习者一个完整的、生动的动作形象，激发练习者的形象思维，引领练习者进入一个意蕴横生的美感世界里。运用四字格式的词语命名动作是武术的传统，已成为武术文化的一部分，而太极扇的动作名称同样兼具这些优点和特征，如黄莺落架、凤凰旋舞、推窗望月等，词语优美雅致、对仗工整，犹如一幅幅活生生的人和自然和谐相处的画卷。

四、自然之美

每一个招式、每一个动作，都仿佛在模仿大自然的景象，如流水、清风、鸟飞等，给人一种与大自然融为一体的感觉，这种自然之美，正是太极扇的独特魅力之一。在练习太极扇的过程中，人们仿佛置身于大自然之中，感受着大自然的韵律与节奏。太极扇的动作缓慢而连贯，如同自然界的云卷云舒、水流潺潺，使人沉浸其中，忘却尘世的烦恼。无论是在室内还是室外，无论是在公园还是广场，太极扇都能与周围的环境融为一体，形成一幅美丽的画卷。这种与环境的和谐相处，也正是太极扇自然之美的体现。

五、生命之美

太极扇的生命之美，是太极扇所展现的生命活力和精神风貌。太极扇的动作缓慢而有力，它强调身心的和谐统一，通过呼吸的调节和动作的配合，使人的身体和心灵得到充分的锻炼和滋养。这种身心的和谐，正是生命之美的重要体现，也是一种内在的修养和精神的提升。通过练习太极扇，人们可以培养自己的耐心、恒心和毅力，提升自己的意志品质和精神风貌。这种内在的修养和精神的力量，正是生命之美的重要组成部分。

六、扇声之美

相比太极拳和太极剑，太极扇项目的一个重要特点就是在开扇时所发出的声音能体现出太极扇的阳刚之美。脆的声音能体现太极扇动作的劲力；脆的声音结合太极扇动作的柔缓能突显出阴阳急促变化的美感。太极扇开扇时能发出荡气回肠的声音，似乎有穿透的力量。当一种声音用通透、透彻、穿透、渗透等词来形容时，我们隐约可以感受到它的进入之幽深和外放之悠远，所以，我们把“透”作为开扇声音的第二个要求。想要达到“透”的要求，主要取决于开扇的技巧：开扇前腕要松，配合周身的合力，开扇时迅速屈腕并伸腕形成一个抖动的力，在扇子即将完全打开时，大拇指下按扇柄，手臂做一个短促的前伸，使扇子充分打开，同时小指轻按另一侧扇柄，无名指、中指和食指轻压扇骨，以保证扇子不会反弹回收。在极短的时间内完成这一开扇动作，便能使扇子发出通透、回荡的声音，且有穿透力。

第三节　太极扇的技法要求

在太极扇的演练中，手、眼、身、法、步这五个部分是相互关联、相互配合的，构成了太极扇独特的技法要求。只有通过长期的练习和磨炼，才能够掌握太极扇的精髓和技巧，全面提高身体素质和内在修养。

一、手

手在太极扇的演练中，不仅是重要的武器，更是表达太极精神的重要媒介。手部的动作需要细致入微的掌控和展现，以展现出太极扇的独特韵律和美感。手部动作的掌控是太极扇中最为基础的要求。在演练过程中，要求手部动作轻盈、灵活，以腕部为轴心，通过扇子的开合、旋转、抛接等动作，展现出太极扇的独特韵律和美感。在练习过程中，需要注意手部动作的准确性和协调性，避免出现僵硬或者不自然的情况。同时需要注重手部动作与呼吸的配合，做到“气随意行、意气相合”，使内气充盈、饱满。手部动作的表达是太极扇中最为重要的要求之一，在演练过程中，要求手部的动作与太极哲学的内在精神和韵味相符合。

二、眼

眼在太极扇的演练中，不仅是观察对手和环境的重要器官，更是表达太极精神和韵味的重要媒介。通过眼神的表达，可以展现出太极扇的内在精神和韵味，使演练更具表现力和感染力。眼神的专注是太极扇中最为基础的要求之一，在演练过程中，要求眼神专注、明亮，时刻保持警觉和自信。通过眼神的表达，可以使演练者更好地专注于自身的动作和呼吸，提高动作的准确性和协调性，专注的眼神还可以使观众感受到演练者的专注和自信，增强演练者的表现力和感染力。眼神的表达是太极扇中最为重要的要求之一，在演练过程中，要求眼神随着手部的动作和身法的变化而变化，展现出太极扇的内在精神和韵味。眼神的运用也是太极扇中非常重要的技巧之一，在实战中，眼神的运用可以起到观察对手和判断对手意图的作用。

三、身

身在太极扇的演练中，是整个动作的核心和基础。身法的好坏直接影响到动作的流畅、协调和美观。同时，身法也是太极扇实战中不可或缺的一部分，能够展现出太极扇的独特技巧和韵味。放松身体是太极扇身法的基本要求之一，在演练过程中，要求身体放松、中正安舒，以腰为轴，带动身体各个部位的运动。身体的放松可以减少能量的消耗，提高身体的柔韧性和协调性，使动作更加流畅、自然，更好地感知对手的动作和意图，提高反应速度和应对能力。保持中正是太极扇身法的核心要求之一，在演练过程中，要求身体保持中正，不偏不倚，使动作更加协调、稳定。中正的身体能够更好地发挥出太极扇的技巧和韵味，使动作更加优美、有力。中正的身体还能够更好地与对手进行对抗，提高实战能力。

四、法

在太极扇的演练中，“法”主要指的是技巧和方法，是太极扇实战和表演中的重要组成部分。在太极扇中，“法”涵盖了手、眼、身、步等各个方面的技巧和运用，是整个演练和实战中的灵魂。“法”在太极扇中体现为对技巧的掌握和运用，还体现为对劲力的运用和控制。太极扇强调以柔克刚、以巧破力，因此劲力的运用和控制是非常重要的。在太极扇中，劲力的运用需要结合身法和呼吸，通过内外兼修的方式，将劲力转化为一种柔中带刚、绵里藏针的力量。这种力量的运用和控制，不仅可以提高太极扇的实战能力，还可以增强演练者的内在修养和身体素质。“法”在太极扇中还体现为对攻防技巧的掌握和应用。在实战中，攻防技巧的掌握和应用是非常重要的。通过“法”的运用，可以使太极扇的攻防技巧更加丰富和多样化，提高实战中的应对能力和反应速度。

五、步

步在太极扇的演练中，不仅是支撑身体的根基，更是与手、身、眼等动作相互配合的关键。步法的好坏直接影响到整个太极扇动作的流畅、协调和美观。首先，步法要稳，在演练过程中，要求脚步沉稳，重心稳定。脚步的移动要有力而不浮，这样才能确保整个身体的平衡和稳定。只有脚步稳固，才能够更好地发挥出太极扇的技巧和韵味，使动作更加流畅、自然。其次，步法要协调，太极扇的动作讲究协调一致，步法与手、身、眼的动作要相互配合。在移动脚步时，要注意与手部的动作相互配合，保持动作的协调和流畅。同时，还要注意与眼神、身法的相互配合，使整个动作更加完美、协调。步法要有节奏感。太极扇的动作讲究节奏感，步法也不例外。在移动脚步时，要注意节奏的掌握，做到快慢有度、轻重有别。此外，还要根据不同的动作和情境，调整步法的节奏，使整个动作更加生动、有趣。最后，步法要灵活多变，太极扇的动作千变万化，步法也要灵活多变。要根据不同的动作和情境，选择合适的步法，使整个动作更加自然、流畅，注重步法的变化和创新，使太极扇的动作更加丰富、多样化。

第二章　技术篇

第一节　扇的常识

扇的结构与各部分名称如图 2-1 所示。

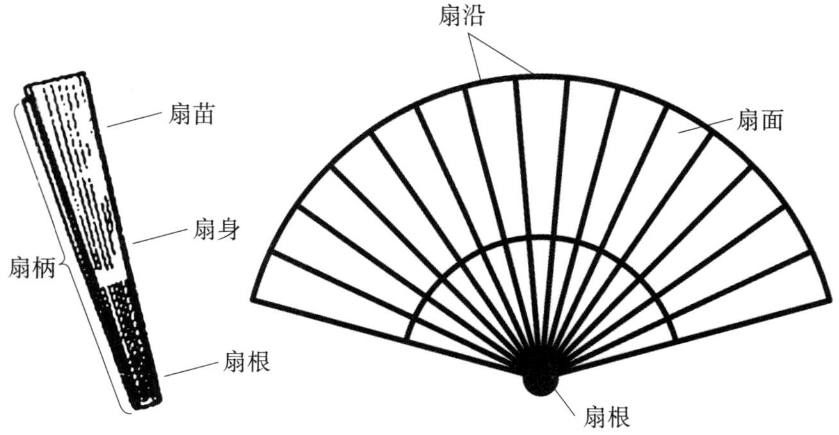

图 2-1　扇的结构与各部分名称

（1）扇柄：这个部分可以类比为树的树干，它是扇子的主要支撑部分，通常用来握在手中。

（2）扇面：这个部分可以类比为树的叶子，它用于产生气流，是扇子最重要的部分之一。

（3）扇沿：这个部分可以类比为树的树皮，它围绕在扇子的边缘，提供保护和装饰。

（4）扇根：这个部分可以类比为树根，它固定着扇子，使其保持稳定。

第二节 扇的握法

开扇方法

（1）正开扇，动作方法：右手握住扇根，自下而上抖腕开扇，力达扇沿，手心向上（图2-2）。

（2）立开扇，动作方法：右手握住扇根，自上而下抖腕开扇，力达扇沿，手心向左（图2-3）。

图2-2 正开扇

图2-3 立开扇

（3）反开扇，动作方法：右手握住扇根，自左向右抖腕开扇，力达扇沿，手心向后（图2-4）。

图2-4 反开扇

第三节 第一组技术动作

正面动作示范 1.1　背面动作示范 1.2

起势、青龙出水、怀中抱月、宿鸟投林、随风摆柳、芙蓉出水

一、起势

1. 动作学习

并步站立，右手握住扇根，左手放松下垂，目视前方。屈膝下蹲，重心右移，左脚抬起，向左迈开。重心平移到两脚之间，两脚宽度与肩同宽。双臂自然向前抬起，高度与肩同高，两手与肩同宽；右手握扇，扇首向前，两手以掌心为着力点，向下按在腹部前方，保持身体姿势屈蹲不变，双臂自然上抬，高度与肩同高，宽度与肩同宽，重心保持不变（图 2-5）。

图 2-5　起势动作

2. 动作重、难点

重点：在进行步伐移动和手臂升降时，保持身体的稳定性和平衡。

难点：立身中正，不偏不倚。

3. 动作要领

站立时身体自然直立，头部虚领顶劲，下颌微收，平视前方。开步时点起点落，轻抬左脚，高不过右踝，脚尖朝向正前方；双臂自然伸直向前平举，肘关节向下微坠。按掌时掌心向下，按掌和下蹲同时完成。

4. 易犯错误及纠正方法

错误：

（1）在移动步伐或升降手臂时，身体摇晃或失去平衡。

（2）呼吸和动作不协调，导致动作僵硬或力度不足。

（3）动作之间的连接不流畅，出现停顿或突然的动作。

纠正方法：

（1）通过练习提高身体的控制能力和肌肉力量，保持身体的稳定性。

（2）通过练习，使呼吸和动作能够协调一致，达到内外合一。

（3）通过反复练习，提高动作的熟练程度和身体的协调性。

5. 练习方法

在开始练习之前，进行适当的热身运动，如拉伸、跑步等，以预防运动伤害。对每一个动作进行单独的训练，重复执行，直到能够熟练地完成每一个动作。当每一个动作都能够熟练地完成后，开始进行组合训练，将所有的动作连接在一起，形成一个完整的动作序列。在动作训练的同时，进行呼吸训练，使呼吸和动作能够协调一致。持续进行训练，不断提高动作的精确度和流畅度。在训练过程中，注意自己的感觉，发现问题并及时进行调整。

二、青龙出水

寓意：在中国文化中，青龙是四象之一，象征着勇气、力量和智慧。这个动作模拟了一条青龙从水中翱翔而出的壮观景象，代表了从困境中挣脱并展现力量的精神，如同龙腾九天，气势非凡。

1. 动作学习

重心左移，右脚向右斜前方 45° 旋转，脚后跟着地，重心在左，左掌外旋，右手持扇内旋，向右下捋；左脚虚点地面成左虚步：同时左手经腹前向后移于斜后方成横掌，与肩同高，掌心朝外；右手握扇向下、向体前立开扇，高与肩平（图 2-6）。

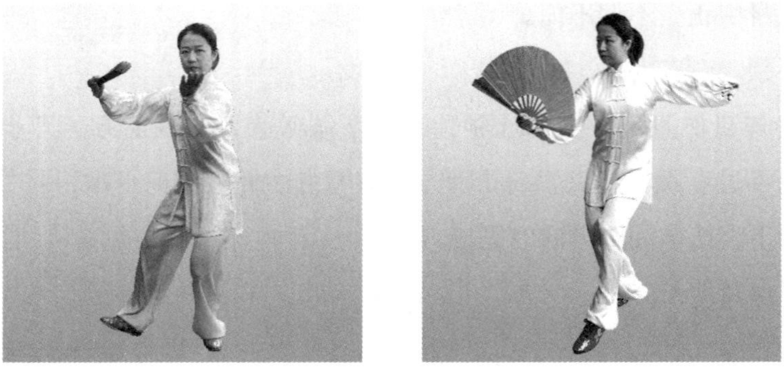

图 2-6　青龙出水

2. 动作重、难点

重点：上步时重心难以保持平稳。

难点：落脚与开扇动作整体不能保持协调。

3. 动作要领

上步保持重心平稳，勿上下起伏，左脚落步与开扇同步完成，开扇时要快猛，目视扇前方。

4. 易犯错误及纠正方法

错误：

（1）在转动身体时，可能会出现转动角度过大或过小的情况。

（2）手脚不协调，没有掌握好节奏。

（3）出现力度过大或过小的情况，这会影响动作的效果。

纠正方法：

（1）在练习时，可以使用镜子来观察自己的动作，确保身体的转动角度准确。

（2）在练习时，可以慢慢地做动作，先确保手脚的协调，然后再逐渐提高速度。

（3）在练习时，可以先用较小的力度做动作，然后逐渐增加力度，直到找到合适的力度。

5. 练习方法

找一个有镜子的地方进行练习，这样你可以实时观察自己的动作。在做动作的过程中，注意观察身体的转动角度，确保它是准确的。如果发现转动角度不准确，及时调整。开始时，可以慢慢地做动作，这样可以更好地掌握手脚的协调。在确保手脚协调的基础上，逐渐提高做动作的速度。记住，速度不是最重要的，最重要的是动作的准确性和流畅性。在做动作时，先用较小的力度，这样可以更好地掌握动作的感觉。

然后，逐渐增加力度，直到找到合适的力度。力度的控制是一个循序渐进的过程，需要耐心和练习。在练习一段时间后，回顾并复习之前学过的动作。这样可以巩固学过的内容，也可以发现并纠正可能出现的错误。

三、怀中抱月

寓意：在中国传统文化中，月亮常被视为内省、宁静和美的象征。动作浑圆，让运气顺畅流动于周身，姿态饱满规范而协调。象征着内心的平和、宁静以及对美好事物的珍视与拥抱。不仅是对身体柔和性和稳定性的锻炼，更是对心灵平和和深度思考的培养。

1. 动作学习

保持身体方向，左脚向前斜步，脚尖向左，重心转移到左腿，右脚跟抬起，右手握扇内旋，手心向下，扇子平放，力量传至扇面。左臂保持原动作，右手握扇，手臂外旋，由内向前合扇，手心向上，右脚向斜前上步。右手握扇向左画弧至腹前；左臂在右臂上方合掌，掌心向下，重心下移转移到右腿，右手握扇向下、向右后斜上方画弧开扇，扇沿向左，扇柄在胸前一条线，左脚向前上步，脚掌着地形成左虚步，开扇时头向左侧转（图 2-7）。

图 2-7 怀中抱月

2. 动作重、难点

重点：在挥扇、转身、举臂、画圈等动作中，需要身体各部位的协调配合。

难点：在进行左移重心、提膝独立、成弓步等动作时，需要保持身体的稳定性和平衡。

3. 动作要领

提膝下落时脚前掌着地下踩，落步点略比肩宽。下蹬和按扇同步完成。沉肩、松腰，意识集中到扇的方法上。合扇时要快，动作要干脆利落。穿掌时要拧腰松胯。

4. 易犯错误及纠正方法

错误：

（1）在进行左移重心、提膝独立、成弓步等动作时，可能会出现身体摇晃、不稳定的情况。

（2）在挥扇、转身、举臂、画圈等动作中，可能会出现身体各部位不协调的情况。

（3）在挥扇和转身等动作中，可能会出现眼神游离、没有准确看向扇首或者前方的情况。

纠正方法：

（1）增强腿部力量，练习平衡能力，例如可以通过深蹲、站立单脚等练习来实现。

（2）反复练习和身体协调性训练，例如可以通过镜子观察自己的动作，找出不协调的地方进行改正。

（3）练习眼神的引导能力，例如可以通过指向练习，提高眼神的准确性。

5. 练习方法

可以制定一个包含深蹲、站立单脚等动作的训练计划。例如，每天进行 30 分钟的深蹲和站立单脚的交替练习，以增强腿部力量和提高平衡能力。可以通过指向练习来提高眼神的准确性。例如，你可以选择一个目标，然后尝试用眼睛追踪目标的移动，以此来提高眼神的引导能力。可以通过镜子观察自己的动作，找出不协调的地方进行改正。

四、宿鸟投林

寓意：这一动作模仿着鸟儿安然栖息于林间，象征着安宁和归属感。不仅仅是一种外在形态的模仿，更深层次地反映了太极的哲学思想——追求心灵与自然的和谐统一。

1. 动作学习

左脚微步前进，脚尖向外，重心转移到左腿。右手沿扇边穿过胸前，左手向右臂上方靠拢，掌心向外，眼睛跟随扇子。右脚向右前方上步，脚后跟接触地面，转移到右脚，左脚快速向右脚移动，形成并步，身体直立，倾斜 45° 。扇子随着身体向右转动时合拢，左手靠在右臂内侧（图 2-8）。

图 2-8 宿鸟投林

2. 动作重、难点

重点：在动作执行过程中，需要保持身体的平衡，这就要求在重心左移的同时，身体的其他部分也要做相应的调整。

难点：右手持肩向斜上方刺出开扇，左手合于右肘内侧，右脚虚步前探，这一系列动作需要手脚的高度协调，才能流畅完成。

3. 动作要领

先左移重心，后退右脚，抬脚高不过脚踝。虚步前探时脚尖勾起勿触地，待右脚落步后再抖腕开扇。穿扇时右肘要经过由屈到伸的过程。右脚上步时身体移动不要太大。合扇要迅速，头要有意识做摆动。

4. 易犯错误及纠正方法

错误：

（1）会出现身体摇晃，导致动作不稳定。

（2）会出现手脚不协调的情况。

纠正方法：

（1）练习提高身体的平衡能力，同时注意脚步的稳定。

（2）会出现手脚不协调的情况。纠正方法是，反复练习这一系列动作，直到手脚可以流畅协调地完成动作。

5. 练习方法

提高身体平衡能力，保持脚步稳定，开始时，可以慢慢地做动作，这样可以更好地保持手脚的协调。在确保手脚协调的基础上，逐渐提高做动作的速度。记住，速度不是最重要的，最重要的是动作的准确性和流畅性。

五、随风摆柳

寓意：在自然界中，柳树以其柔韧的枝条在风中轻盈摇摆，象征着柔和、顺应以及不屈不挠的生命力。动作模仿了柳枝在风中摇曳的景象，体现出柳树柔软多姿的形象，展现着太极随心而动，自如无矩的心境，象征着顺应环境变化的灵活性和内在的韧性。

1. 动作学习

屈蹲，重心下移，左脚后撤步成右弓步；两掌摆于脸前，掌心向前。重心左移，右脚向左脚内侧并步，两臂自下向前捧出，与肩同高。身体右转 45°，重心移至右腿，同时左脚开步，两臂由左向右经脸前平捋，掌心朝外，目视手的方向（图 2-9）。

图 2-9　随风摆柳

2. 动作重、难点

重点：重心转移的流畅性和平衡。

难点：双臂动作与身体转动的协调。

3. 动作要领

身体由高向下移动时，意念要引导松沉，连贯圆活，以腰带臂，手眼相随。

4. 易犯错误及纠正方法

错误：

（1）身体转动时腰部僵硬。

（2）双手动作与身体转动不协调。

纠正方法：

（1）练习单独的腰部转动，增强腰部的柔韧性。

（2）分步练习手臂和身体的协调动作。

5. 练习方法

先单独练习重心的转移和腰部的转动。然后加入手臂动作，注意手眼协调。最后将整套动作连贯练习，注意动作的流畅性和平衡。

六、芙蓉出水

寓意：在中国传统文化中，芙蓉（即荷花）常被视为纯洁和高雅的象征，它在水面上盛开，不沾一丝泥土。动作模仿荷花从水面上优雅地升起，象征着超越困境、保持内心纯净与优雅的品质。

1. 动作学习

重心左移，右脚尖提起成右虚步。同时右手持扇向下画弧，向前开扇，扇柄与肩同高，左臂合在右臂内侧（图 2-10）。

图 2-10 芙蓉出水

2. 动作重、难点

重点：转体时保持流畅，注意肩膀和手臂的松弛。

难点：扇子的开合动作要自然、流畅，与身体的转动协调。

3. 动作要领

动作要松胯，沉肩松肘，气沉丹田。

4. 易犯错误及纠正方法

错误：

（1）肩膀过分僵硬或耸肩。

（2）扇子动作与身体不协调。

纠正方法：

（1）练习肩部放松，避免肩膀上扬。

（2）分别练习扇子动作和身体转动，然后合并练习以实现协调。

5. 练习方法

专注于身体的转动与重心转移，保持松弛。可以将动作逐步分解，规范每一个细节动作，最后串联起来完整练习。

第四节 第二组技术动作

正面动作示范 2.1　背面动作示范 2.2

鱼贯而入、仙人指路、迎风掸尘、海底指针、风驰电掣

一、鱼贯而入

寓意：鱼贯而入的动作来源于古代战争中士兵列队行进的方式，像鱼儿一样一个接一个地穿行，象征着秩序、协调和连续不断地流动。动作连贯流畅，每一个动作都紧密地连接到下一个动作，没有间断和停滞。象征着连续流畅、运动协调和进展有序。

1. 动作学习

右脚内扣，身体左后转 180°，重心在右，左脚虚步点地；同时右手扇收至右耳侧，左掌下按至体前。左脚向后退步成右弓步，同时右手持扇向斜下方刺出，手心朝下，左手合在右臂内侧。重心左移，右手持扇向左手臂内侧缠绕，由下向前合扇（图 2-11）。

图 2-11　鱼贯而入

2. 动作重、难点

重点：身体转动的流畅性和连贯性。

难点：扇子和手臂动作的协调。

3. 动作要领

转体时要保持稳定，确保动作的连贯。扇子动作要与身体转动紧密协调，注意眼神随动。

4. 易犯错误及纠正方法

错误：

（1）转动时身体不稳或动作生硬。

（2）扇子动作与身体转动不协调。

纠正方法：

（1）练习身体的平稳转动，避免突兀或失衡。

（2）分步骤练习扇子和身体的协调动作，然后逐渐合并。

5. 练习方法

可以制定一个包含深蹲、站立单脚等动作的训练计划。例如，每天进行 30 分钟的深蹲和站立单脚的交替练习，以增强腿部力量和提高平衡能力。先练习身体的转动和步伐，注意重心的平稳转移。接着加入扇子动作，注意动作的流畅与协调。最后将整个动作串联起来，形成一套完整的动作。

二、仙人指路

寓意：在中国传统文化中，仙人常被视为智慧与悟性的象征，他们指引的道路往往通向更深层次的理解和精神上的觉悟。动作模仿仙人指引方向的姿态，象征着寻求智慧的道路，以及内心和精神上的引导与启发。

1. 动作学习

重心左移，右手持扇内旋向上抬起，身体向左转 45°，左掌在左胯上方打开。身体继续向右转 180°，左脚收拢至右脚内侧，右手持扇内旋，两手臂收于腰间，右脚向右斜前方 30° 上步，形成右弓步，右手扇经过腰间，直线向前平刺出去，左臂在右臂内侧合并（图 2-12）。

图 2-12　仙人指路

2. 动作重、难点

重点：身体旋转的流畅性和连贯性。

难点：右脚迈步的轻灵和柔和。

3. 动作要领

松腰松胯松肩松肘。体现旋转动态。转身时以右脚为轴。身体旋转时重心略下移，松腰，旋转时脚、身体、头部、手臂都要主动配合，完整一致。右脚迈步时，要轻灵柔和缓慢。

4. 易犯错误及纠正方法

错误：

（1）身体转动时僵硬或不协调。

（2）步伐过快或不稳。

纠正方法：

（1）练习腰部和肩部的放松，提高身体的柔韧性。

（2）练习慢步走，注重步伐的轻灵和稳定性。

5. 练习方法

练习太极功夫扇身体旋转，对于提高腰部、肩部的肌肉和身体的柔韧性非常有帮助。在日常训练中多练习马步，锻炼腿部力量和稳定性，提高步法的轻灵和稳定性。

三、迎风掸尘

寓意："迎风掸尘"本身是古代中国人民驱除病疫的一种仪式，寄托着劳动人民辟邪除灾、迎祥纳福的美好愿望。而这个动作在形态上与打扫迎新相似，而太极功夫扇运动本身，也有着强健体魄，除病健康的效用。

1. 动作学习

重心后移，右手扇内旋随身体右转；左腿提收后向左斜后方 45° 撤步，脚跟着地；右手扇下落，摆在体前，左手直接向前推出，形成立掌；重心转移到两腿之间，左手经过左膝前，搂膝，右手扇摆在斜后方，视线向左手方向。重心转移到左腿，直立支撑，右腿提膝；左臂摆在左斜后 45° ，形成横掌，掌心朝外。右手平开扇在右膝上方，扇沿朝内（图 2-13）。

图 2-13　迎风掸尘

2. 动作重、难点

重点：重点在于腿部的转移与稳定，以及扇的控制。

难点：难点在于身体的转动与平衡，尤其是在快速转换重心时保持稳定。

3. 动作要领

左脚提收脚跟着地是一个过渡，要缓慢进行，体现腿的功力。身体转动时胯要下落。开扇时要快速有力，以掌背为着力点向外撑力。

4. 易犯错误及纠正方法

错误：

（1）重心不稳，转身时身体晃动。

（2）扇的动作不流畅或力度不足。

纠正方法：

（1）加强腿部力量训练，练习时注意身体的稳定性。

（2）专注于扇的控制，练习快速而有力的开合动作。

5. 练习方法

可以做深蹲、单脚站立等训练内容，锻炼腿部肌肉和平衡性。可以在室内与室外反复练习扇子的开合动作，或通过握力器或哑铃等工具进行手部和手臂的力量训练，增强扇子的控制力。

四、海底指针

寓意："海底针"的动作是太极的经典动作，如同在海底寻针，需要身体的协调、心思的稳静和呼吸的配合，整个动作在腰的协调下，静中触动，恰到好处，体现出太极的柔缓之美。

1. 动作学习

重心下沉，右脚向前迈步，脚跟着地；双臂经腹前下落至身体左侧，左手合于右小臂内侧。重心转移到右腿，形成右弓步；右手迅速合扇，向斜下方击打，手心向上，左手贴在右小臂内侧（图 2-14）。

图 2-14 海底指针

2. 动作重、难点

重点：重心的转移和脚步的准确性。

难点：重心下沉和转移的同时，保持扇的准确控制和流畅的手臂动作。

3. 动作要领

重心下移，支撑腿要先松胯，右脚跟着地要轻。转弓步时左胯要略下沉。

4. 易犯错误及纠正方法

错误：

（1）在执行动作时，重心不稳定或脚步位置不准确。

（2）扇的控制不稳，动作不连贯。

纠正方法：

（1）加强腿部力量和平衡的训练，练习时注意重心的转移和脚步的准确放置。

（2）专注于扇的流畅控制，练习快速而准确的合扇动作。

5. 练习方法

练习深蹲、瑜伽和跳跃等动作，能够很好地满足腿部力量的需要。设定一个目标，比如一个静止的物体，然后尝试用扇子准确地指向它。这可以帮助提高扇子的控制精度，反复练习即可。

五、风驰电掣

寓意：在成语文化中，“风驰电掣”常用来形容速度极快，就如同风一样迅速，电一样突然。动作在保持太极特有的流畅和连续性的同时，也要展现出一种爆发的力量和速度。象征着迅速、精确的行动以及爆发力。

1. 动作学习

重心后移，右手扇向上托，右脚尖外摆；右手扇内旋，小臂和腕部位于胸前，身体右转，重心转移到右腿，左腿在右小腿内侧提起；左腿迅速向后撤步，形成右弓步，右手随着转身快速开扇击打，右手扇抖动腕部合扇（图 2-15）。

图 2-15　风驰电掣

2. 动作重、难点

重点：身体的快速转动和脚步的灵活移动。

难点：同时协调身体转身、脚步撤退和扇的开合，尤其是在快速动作中保持平衡和优雅。

3. 动作要领

转身、撤步、开扇、转头完成时要同步，配合完整，协调一致。合扇时，松腰，以腰带臂将扇快速合起来。

4. 易犯错误及纠正方法

错误：

（1）动作不协调，特别是在快速转身和开扇时。

（2）合扇时动作僵硬或缓慢。

纠正方法：

（1）加强对身体协调性和平衡感的训练，练习时注意同步和流畅性。

（2）专注于腰部和腕部的灵活运用，练习快速而流畅的合扇动作。

5. 练习方法

尝试做一些腰部和腕部的拉伸和弯曲动作，能够在灵活性和力量上有所帮助。在动作的练习上，可以对单个的动作不断练习至精准之后，再把所有的动作连在一起，多次练习。

第五节 第三组技术动作

鹞子翻身、神龙返首、蛟龙入海、铁牛耕田、逗蜂戏蝶

正面动作示范 3.1

背面动作示范 3.2

一、鹞子翻身

寓意：动作取意于鹞子（即鹰或隼）在空中翻转和俯冲捕猎的敏捷动作。动作模仿鹞子在空中翻转和突然下击的动作，灵动活泼，巧妙自如，体现出太极除了柔和缓慢之外的另一种优美，连贯动感而灵活的动作让功夫扇更具观赏性。象征着敏捷性、灵活性以及突如其来的变化能力。

1. 动作学习

身体向左转动，收左脚，重心在右，右手举扇；左臂自下而上抡摆，右手握扇，沿着身体右侧由下向上立圆翻举，左臂向左下打开；身体继续向左转动，重心在右脚，左脚自然随着转身碾步，右手扇随着转身落在腹前，左手在右小臂外侧合并；重心下移，左脚向后方 45° 后撤步成马步；双臂打开，左手高于头部，右手扇位于右膝上方，视线向右手方向（图 2-16）。

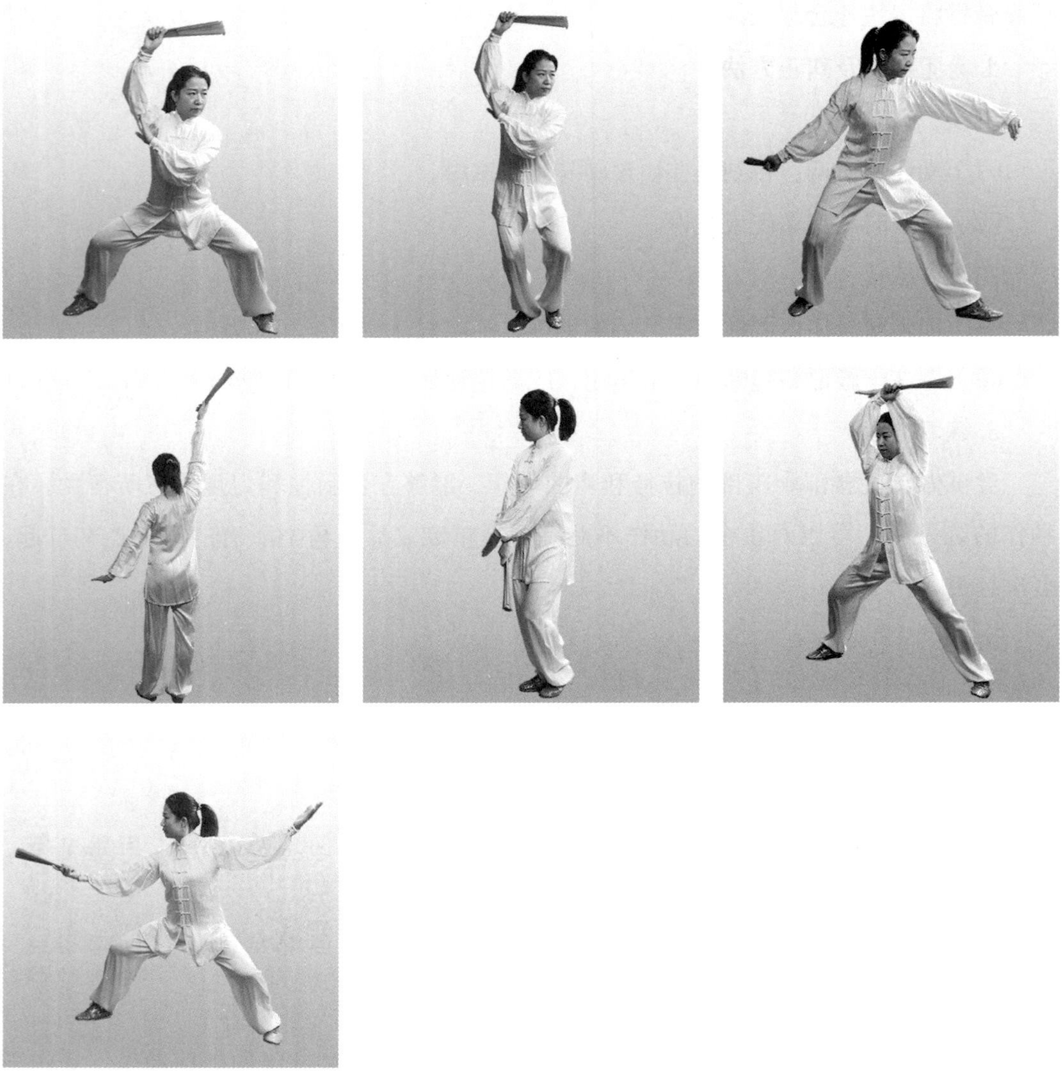

图 2-16　鹞子翻身

2. 动作重、难点

重点：整体动作的连贯性和流畅性，以及身体的灵活翻转。

难点：两臂和身体的协调运动，尤其是在快速翻转和转身时的平衡控制。

3. 动作要领

整个翻转动作要连贯完整，两臂主动带领身体翻转。以右脚为轴自然捻动，左脚自然配合。整个动作要展示抡臂翻转的姿势。

4. 易犯错误及纠正方法

错误：

（1）动作不连贯，翻转时身体不协调，失去平衡。

（2）臂部动作和身体转动不同步。

纠正方法：

（1）加强身体的柔韧性和协调性训练，练习时注意动作的连续性和平衡。

（2）专注于臂部和身体的协调运动，确保两者同步，增强翻转时的流畅性和控制。

5. 练习方法

可以对着镜子多次反复练习翻转的动作，配合影像记录，不断更正错误的动作，在反复练习当中提高动作的连贯性。对每一个拆分动作做到精准。

二、神龙返首

寓意：在中国文化中，龙是智慧、力量和灵活的象征。这一动作模拟了龙头回转的动态，展现出身体的灵活性和控制力，象征着灵活性、敏捷性以及对环境的敏锐洞察力。

1. 动作学习

重心向右转移，身体向右转动，形成右弓步；左臂向下画弧，右手握扇稍微向下移动，左脚向右脚的斜后方撤步，形成右歇步；右手快速向头顶方向开扇，扇沿朝前，左掌放置右肩前（图 2-17）。

图 2-17 神龙返首

2. 动作重、难点

重点：身体的转动、步伐的准确性和手臂动作的协调。

难点：在落歇步的同时完成摆头、开扇和左手动作的同步协调。

3. 动作要领

过渡弓步时松腰松胯，气沉丹田。在落歇步的同时，摆头、开扇、左手动作要同步完成。

4. 易犯错误及纠正方法

错误：

（1）在转身或步伐转换时身体不稳定，动作不协调。

（2）手臂和扇的动作不同步，缺乏流畅性。

纠正方法：

（1）专注于手臂和扇的协调运动，练习时注意动作的连贯性和同步性。

（2）加强对身体控制的训练，尤其是在转动和步伐变化时的平衡感。

5. 练习方法

通过练习瑜伽等动作来锻炼自身的平衡感。专注于每个步骤的技术细节。将这些动作组合起来，注意动作间的流畅过渡。通过反复练习，提高动作的自然性和协调性，加强肌肉记忆。

三、蛟龙入海

寓意：动作模仿了传说中的蛟龙在海洋深处冲向表面的姿态，是力量与智慧的完美结合，不仅展现了身体力量与灵活性的极致，也代表了心灵与意志的深度和广度。

1. 动作学习

身体直立，重心在前，右手迅速抖动合扇；左脚向前迈步，同时双手落于腰间，重心转移到左腿，身体稍微后移，紧接着右腿上抬，同时双手从腰间向腿的方向斜上刺扇；身体向左转动，右腿下落，形成并步，同时两手合抱收于体前；左脚向右腿斜后方撤步，形成右插步，然后向右转身，右手握扇随之向斜下方快速开扇，掌背朝上，扇沿为着力点朝斜下方，左臂位于头斜后方，掌心朝外（图 2-18）。

图 2-18　蛟龙入海

图 2-18 蛟龙入海（续）

2. 动作重、难点

重点：整个动作的流畅性和连续性，特别是脚步和手臂动作的协调。

难点：快速转换步伐和身体方向的同时，保持扇子动作的准确和流畅。

3. 动作要领

动态感要强。

4. 易犯错误及纠正方法

错误：

（1）动作不连贯，转身或步伐不稳定。

（2）扇子动作不流畅，缺乏动态感。

纠正方法：

（1）加强对身体控制和平衡的训练，练习时专注于每个动作的平滑过渡。

（2）专注于扇子的控制和动作的精确度，练习时注意扇子的速度和力度。

5. 练习方法

这一动作要求高度的协调性和控制力，练习时应重视每个动作的细节，以及整体动作的流畅和连贯性。

四、铁牛耕田

寓意：动作模仿了铁牛在田间耕作的情景，象征着勤奋、耐心与坚韧不拔。以稳重、缓慢而有力的步伐，完成内心的坚持与耐心的磨练。

1. 动作学习

身体向左转 180° ；右手扇向左斜上方扫动，收至身体右侧为立扇，左手收至右手手腕处，左脚收至右脚内侧；身体继续向左转，左脚向左斜前方步出，形成左弓步，双手握住扇柄，向斜下方刺扇，扇位于膝上方，视线向扇的方向（图 2-19）。

图 2-19　铁牛耕田

2. 动作重、难点

重点：身体转动的流畅性和步伐的准确性，以及扇子的正确使用。

难点：保持单腿支撑的平衡，以及在连续转身中维持稳定。

3. 动作要领

重心上提不宜过高。这个动作要求单腿支撑能力要稳定，状态自如。

4. 易犯错误及纠正方法

错误：

（1）在转身或单腿支撑时身体不稳定，容易失去平衡。

（2）扇子的使用不准确，动作不协调。

纠正方法：

（1）加强腿部力量和平衡感的训练，练习时注意身体重心的控制。

（2）专注于扇子的控制技巧，确保扇子动作与身体动作的同步和协调。

5. 练习方法

练习时，先专注于每个动作的单独执行，重复练习直至熟练掌握。每个动作熟练后，尝试将它们串联起来，形成完整的动作串联。练习时要注意呼吸的调节，确保呼吸与动作的同步。坚持不懈地训练，逐步提升动作的准确性和流畅性。练习中要留意身体感受，如有必要，及时调整动作。

五、逗蜂戏蝶

寓意：动作取意于自然界中在花间轻盈飞舞、无拘无束的蜂与蝶，在动作之中充斥着灵动与和谐，连贯与优雅，就像蜂蝶一样自由舞动，其中蕴含了太极寻求内外的和谐与平衡的哲学思想。

1. 动作学习

重后坐翘脚，向胸内收绕；重心向前移动，成右弓步；双臂继续云绕，直到右臂在上；双臂交叉，在胸前继续云扇；双手握扇，绕到左手在上，右手在下，举起扇，扇沿朝前，视线向前方；左脚向后撤步，形成左弓步，同时双手握扇，经过身体前方向左摆动，端举在左侧（图 2-20）。

图 2-20　逗蜂戏蝶

2. 动作重、难点

重点：扇子的控制和手臂动作的流畅性，以及身体的平衡和协调。

难点：在移动重心的同时保持扇子动作的精准和优雅，以及身体与手臂动作的协调。

3. 动作要领

内收扇时，胸背要自然内含。云扇时尽量扇贴在胸前，两臂自然画立圆。

4. 易犯错误及纠正方法

错误：

（1）在移动重心或转换步伐时，身体不稳定，扇子控制不准确。

（2）加强对身体平衡和协调性的训练，练习时注意重心的稳定和扇子的准确控制。

纠正方法：

（1）加强对身体平衡和协调性的训练，练习时注意重心的稳定和扇子的准确控制。

（2）专注于手臂和扇子的自然流动，练习时注意手臂动作的柔和和协调。

5. 练习方法

对每一个动作进行单独的训练，重复执行，直到能够熟练地完成每一个动作。当每一个动作都能够熟练地完成后，开始进行组合训练，将所有的动作连接在一起，形成一个完整的动作序列。在动作训练的同时，进行呼吸训练，使呼吸和动作能够协调一致。持续进行训练，不断提高动作的精确度和流畅度。在训练过程中，注意自己的感觉，发现问题并及时进行调整。

第六节　第四组技术动作

黄莺落架、霸王举鼎、白蛇吐信、四维雄风、婵娟射雁、云燕觅食

正面动作示范 4.1　背面动作示范 4.2

一、黄莺落架

寓意：动作模仿了黄莺优雅地降落在树枝上的姿态，体现了轻盈与平衡。在太极当中，它象征着优雅、轻巧以及对环境的敏感应对。

1. 动作学习

换右手持扇根举扇，右脚向后迈步；重心下降，形成歇步；双臂展开至身体右侧，

左手位于头部的斜后方，视线向扇的方向（图 2-21）。

图 2-21　黄莺落架

2. 动作重、难点

重点：保持身体姿势的稳定和扇子的准确控制。

难点：执行步伐和扇子动作时的平衡和协调。

3. 动作要领

保持重心下沉和身体的稳定性。手臂和扇子的动作要协调流畅，保持优雅的姿态。

4. 易犯错误及纠正方法

错误：

（1）在移动重心或扇子动作时，身体晃动不稳。

（2）扇子动作不协调或位置不准确。

纠正方法：

（1）加强平衡感和身体控制的训练，练习时专注于重心的平稳转移。

（2）专注于扇子的精准控制，确保扇子动作与身体动作的同步。

5. 练习方法

每个动作的单独练习中，特别关注扇子的灵活运用，反复练习以提高对扇子的控制。每个动作熟练掌握后，开始将它们结合在一起，形成一套完整的动作序列，保持扇子操作的自然流畅。

二、霸王举鼎

寓意：动作取意于古代的霸王项羽举起重鼎的故事，用充满力量与气势的动作，展现了太极别样而非凡的力量、勇气以及坚定不移的气质。

1. 动作学习

起身直立，右手扇迅速合扇；左脚内扣，右脚前掌自然旋转，身体向右转身，左手在右臂内侧合并；身体向右转，斜后45°方向，形成右弓步，右手扇经过身体前方，向右下方击扇，手心朝下；步态保持不变，左手向右合并，左手收至腰间，重心转移到左腿，右手扇经过脸前，向左画弧，左手向下落于腹前，掌心朝下。动作连续不停，重心继续向右移动，形成半马步；右手握扇，向下画弧，位于右胯斜前方，左掌向上画弧，右手臂向外画弧，重心转移到右腿，身体直立，左脚在右脚内侧合并，右手持扇向头顶方向直臂快速开扇，扇沿向前（图2-22）。

图2-22　霸王举鼎

2. 动作重、难点

重点：身体的灵活转动和扇子的精准控制。

难点：连续的身体转动和扇子的快速开合，尤其是在保持平衡和协调性的同时完成复杂的步伐和手臂动作。

3. 动作要领

合臂时松胯、松腰、松膝。开扇时身体略左转，头部随开扇向左明显地快速摆动。

4. 易犯错误及纠正方法

错误：

（1）在连续的转身和步伐中失去平衡，或扇子动作不准确。

（2）加强对身体平衡和协调性的训练，同时专注于扇子控制的练习，确保步伐和手臂动作的准确性和流畅性。

纠正方法：

（1）在转身和开扇时动作僵硬，缺乏流畅性。

（2）练习时专注于身体的放松和自然转动，确保每个动作都充满力量感而又不失优雅。

5. 练习方法

动作较难，分别练习每个动作，并重复进行，直到每个动作都能轻松掌握。当这些动作都能流畅完成后，开始综合练习，把它们连成一套完整的系列。同时进行呼吸练习，以确保呼吸与动作的和谐。持续练习，不断提高每个动作的精确性和流畅度。在训练过程中，要密切关注身体的反应，遇到问题时及时做出调整。

三、白蛇吐信

寓意：动作模仿了自然界当中白蛇的行为，敏捷、准确与直接。动作的快速与直接，代表了直面困难与挑战的勇气以及迅速做出反应的能力。

1. 动作学习

身体下沉，重心转移到右腿，屈膝下蹲，右手握扇位于耳侧，身体向左转动，左脚向前迈步，右手扇的手臂内旋，扇面平放，手心朝下，以扇沿为着力点，向前穿扇，左掌在右臂内侧合并，掌心朝内（图 2-23）。

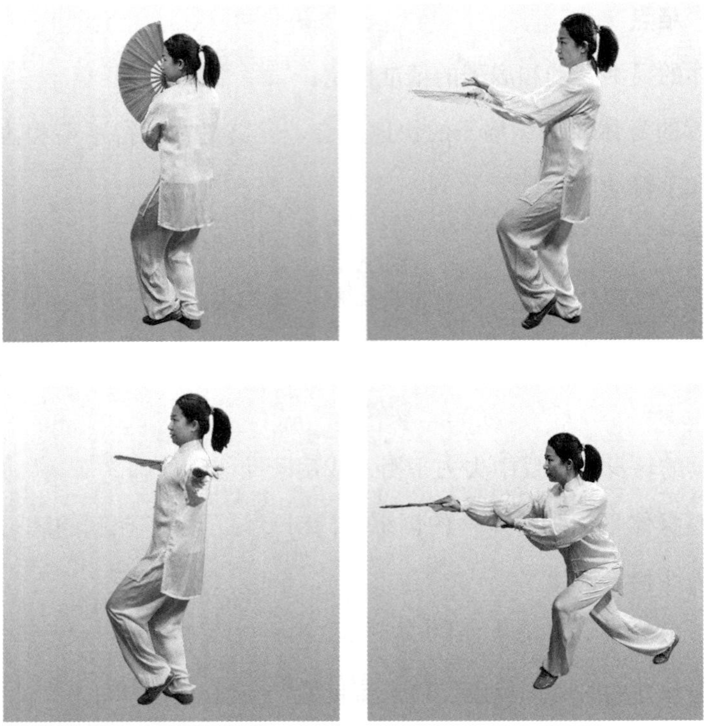

图 2-23　白蛇吐信

2. 动作重、难点

重点：半蹲步的稳定性和身体的灵活转动。

难点：在转身和步伐变换的同时，准确地控制扇子的动作。

3. 动作要领

保持身体的下沉和稳定性，尤其是在半蹲步时。在转身和步伐变换时，注意扇子的控制，确保扇子动作的流畅和准确。

4. 易犯错误及纠正方法

错误：

（1）在转身或步伐变换时，身体不稳定，扇子控制不准确。

（2）扇子动作不流畅，缺乏灵活性。

纠正方法：

（1）加强对身体平衡和协调性的训练，同时专注于扇子控制的练习，确保步伐和扇子动作的协调性。

（2）专注于扇子的灵活使用，练习时注意手臂和扇子动作的协调。

5. 练习方法

分别练习每一个动作，并持续重复，以增强身体的协调性和控制直至熟练掌握。动作熟练后，逐步组合这些动作，以形成一个稳定协调的完整动作过程。训练中不断调整呼吸以匹配动作节奏，确保呼吸与动作同步。坚持不懈地练习，不断提高动作的准确性和整体流畅性。

四、四维雄风

寓意：动作象征着全方位的力量与坚定的意志。“四维”通常指东西南北四个方向，代表着全面与均衡，而这个动作表示在各个方面都展现出强大的力量与决心。

1. 动作学习

重心保持在左腿，右脚用力蹬地；同时，右手握扇，外旋形成立扇；身体向左转180°，右脚迈步，右手扇继续外旋，手心朝上，以扇沿为着力点，向左斜下方45°方向穿刺扇；重心转移到右腿，左脚在右脚内侧合并，身体向右转，右手迅速合扇，手心朝上，左臂向斜后方展开，左掌心朝外，视线向扇的方向。身体稍微向左转，重心下降，形成半蹲步；同时，双臂在胸前合并。右臂在上，左臂在下。视线随着扇的方向。左脚向前迈步，形成盖插步；同时，右手扇向前快速反手开扇，左臂向斜后方展开，高度与肩同高，掌心朝外，视线向开扇的方向。保持身体、步态、左臂的动作不变，右手迅速合扇，视线向扇的方向（图 2-24）。

图 2-24　四维雄风

图 2-24　四维雄风（续）

2. 动作重、难点

重点：扇子的精准控制和身体的灵活转动。

难点：快速转换步伐和身体方向的同时，保持扇子动作的精准和刚劲。

3. 动作要领

穿扇时，扇横向经胸前穿行。开扇、合扇要走水平线，开扇、和扇动作要做击打动作，体现动作的刚劲。

4. 易犯错误及纠正方法

错误：

（1）在快速转身或步伐变换时，身体不稳定，扇子控制不准确。

（2）扇子动作不流畅，缺乏刚劲。

纠正方法：

（1）加强对身体平衡和协调性的训练，同时专注于扇子控制的练习，确保步伐和扇子动作的协调性。

（2）专注于扇子的快速而有力地控制，练习时注意扇子的速度和力度。

5. 练习方法

分别练习每一个动作，并持续重复，以增强身体的协调性和控制直至熟练掌握。动作熟练后，逐步组合这些动作，以形成一个稳定协调的完整动作序列。训练中不断调整呼吸以匹配动作节奏，确保呼吸与动作同步。坚持不懈地练习，不断提高动作的准确性和整体流畅性。

五、婵娟射雁

寓意：在中国传统文化中，“婵娟”常用来形容女性的优雅和柔美，而“射雁”则象征着精准和果断。该动作融合了两者优雅与精准的特质，不仅代表了力量和精确性，还象征了优雅和内在的平静。

1. 动作学习

左脚向前迈出一小步，右腿向前快速踢摆，脚面自然伸直，左手掌心拍打脚面，右臂向后下落抡动，重心下降，右腿迅速向后撤步，左腿立即收到右脚内侧，形成丁步；右手握扇，由下向上立圆画弧，举到头顶，左臂在右肩内侧收起；左脚向前迈步，脚掌向外展，同时左臂向下向前画弧，右手扇自然下落，身体继续向左转 180° 做翻转，右脚迅速跟在左脚内侧，双臂自然立圆抡动，双臂在胸前交叉，右手握扇在外；右脚向后开步，形成左插步，身体向右扭转，同时双臂展开，左手经过脸前，架在头顶，右手握扇平行经过身前，向右平开扇，手心朝下，开扇时快速转头，视线向扇的方向（图 2-25）。

图 2-25 婵娟射雁

2. 动作重、难点

重点：身体的灵活转动和扇子的协调使用。

难点：保持动作的连贯性，特别是在快速翻转和扇子动作中保持身体的平衡和协调。

3. 动作要领

做翻转时，手臂要主动带动身体，两脚要灵活捻动。这一组动作连贯性强，快慢、动静分明，节奏性明显。翻转动作，扇要走在身体的前面，双脚要主动拧转，要协调一致。

4. 易犯错误及纠正方法

错误：

（1）翻转时身体不稳定，扇子和身体动作不协调。

（2）动作之间缺乏连贯性，快慢节奏控制不佳。

纠正方法：

（1）加强对身体平衡和协调性的训练，练习时注意手臂和扇子的同步运动。

（2）专注于动作的流畅过渡，练习时注意保持动作的连贯性。

5. 练习方法

单独练习每个动作时，重复执行直至熟练，同时专注于提高平衡感。动作熟练后，逐渐组合起来，形成一个完整的流程，过程中不断加强对身体平衡的控制。

六、云燕觅食

寓意：在自然界中，云雀以其快速而灵敏的动作在田野间捕捉食物，象征着机敏和有效的行动。而在这一动作当中，代表着灵巧与敏捷——灵活应对和敏捷的决策能力。

1. 动作学习

身体向左转 180°，右手扇平扫，左臂随之摆动，掌心朝外，视线向扇的方向。右脚尖向内扣，身体继续向左转 180°，转向正前方；同时，右手扇平扫至前方，然后向耳侧提起，左掌在右肩内侧。重心在右腿，左手经过左胯，向上画弧，右手扇落到腰间，手心朝上，视线向斜下方。重心移至左腿，右脚向前迈步，形成右虚步，同时右手扇从腰间向右腿斜下方刺扇，力量达到扇沿，左臂架在头顶。视线向扇的方向（图

2-26）。

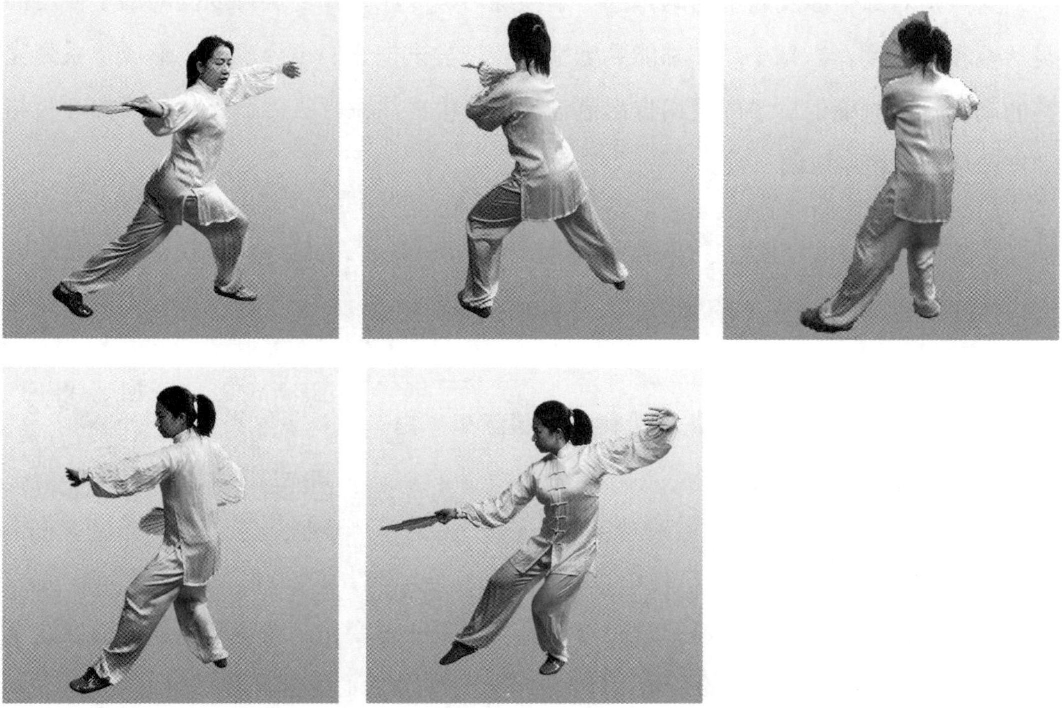

图 2-26 云燕觅食

2. 动作重、难点

重点：身体转动的流畅性和扇子动作的协调。

难点：在快速转身的同时，保持扇子动作的准确性和优雅。

3. 动作要领

转身时要保持身体平衡和稳定，确保动作的连续性。扇子动作应与身体动作同步，保持动作的流畅和优雅。

4. 易犯错误及纠正方法

错误：

（1）转身时身体不稳定，扇子动作与身体动作不协调。

（2）扇子动作不流畅，缺乏灵巧性。

纠正方法：

（1）加强身体平衡和协调性的训练，练习时专注于扇子和身体动作的同步。

（2）专注于扇子的灵活运用，练习时注意扇子动作的准确性和流畅性。

5. 练习方法

重点是对每个涉及扇子的动作进行单独练习，专注于重复执行以提高扇子使用的灵活性和熟练度。当每个动作都能熟练掌握后，尝试把它们组合起来，形成一系列完整的动作，同时确保扇子的运用自然流畅。训练中要注意呼吸的调整，以确保呼吸与动作和扇子的运用协调一致。

第七节　第五组技术动作

风扫秋叶、玉树凌风、龙飞凤舞、白猿献果、白鹤亮翅、叱咤风云、春色满园

正面动作示范 5.1　背面动作示范 5.2

一、风扫秋叶

寓意：在自然界中，秋风扫过时落叶纷飞，象征着变化、清理和更新。而在这个动作当中，体现了清除内心的杂念和外界的干扰，恢复内心的清净和平静。

1. 动作学习

右脚向前迈步，脚跟接触地面；同时，右手握扇，经过胸前，向左平穿扇，手心朝上，左臂在右臂内侧合并，视线向前方；左脚向前迈步，脚内扣，身体向右转 45°，同时右手扇向右边穿摆，内旋小臂，小指一侧向上，形成立扇，左臂展开，位于左侧，高度与肩同高，视线向扇的前方。右脚沿弧线向前迈步，视线向扇的方向；身体继续向右转 180°，重心转移到左腿，右脚尖点地，右手扇稍微用力向右摆动，扇背在身后，左掌摆至右肩前，掌心朝外，视线向前方（图 2-27）。

图 2-27　风扫秋叶

图 2-27 风扫秋叶（续）

2. 动作重、难点

重点：动作的连贯性和圆活性，以及扇子的灵活运用。

难点：在走圆形路线的基础上，保持动作的流畅性和精准性。

3. 动作要领

这是一组连贯八卦步，在走圆形路线的基础上，动作要连贯圆活，形如流水，精神贯注在扇的方向上。

4. 易犯错误及纠正方法

错误：

（1）动作之间不连贯，转身或扇子动作不流畅。

（2）在走圆形路线时步伐不准确，缺乏流畅性。

纠正方法：

（1）加强身体协调性和平衡感的训练，专注于动作的连贯性和扇子的灵活运用。

（2）专注于步伐的准确性和连贯性，练习时注意步伐与身体、扇子动作的协调。

5. 练习方法

单独练习每个动作时，重点放在步法的准确执行和连贯性上，通过持续重复练习以掌握动作。掌握每个动作的步法后，开始将它们组合起来，形成一个完整的动作序列，确保步法在整套动作中的流畅性。

二、玉树凌风

寓意：在中国文化中，“玉树”常被用来比喻高贵和坚强的品质，而“凌风”则形容在逆境中依然不屈不挠。这一动作不仅强调了外在的身体素质，更重要的是内在精神的培养。在这个动作中，则体现了在困难和挑战面前保持坚定、优雅和不屈的精神。

1. 动作学习

身体向右转动 30°，右脚抬起，形成提膝平衡，同时右手握扇，经下方向右斜方提升，高度与肩同高。左臂经过腹部前方，向左斜后上方摆动掌，位于头部的斜上方，视线向扇的方向（图 2-28）。

图 2-28　玉树凌风

2. 动作重、难点

重点：在提起右脚时保持平衡是关键，需要有足够的腿部力量和稳定性。

难点：右手握扇和左臂摆动需要协调流畅，动作要连贯。

3. 动作要领

要保持身体的稳定性和轻松感，不要过于用力。在转动身体时，注意腰部的灵活性和控制。手臂和扇子的运动应该是连贯和优雅的。

4. 易犯错误及纠正方法

错误：

（1）在提膝平衡时，可能会因腿部力量不足或重心分配不当而失去平衡。

（2）右手握扇和左臂摆动可能不协调，导致动作看起来不流畅。

（3）如果视线不集中跟随扇子，会影响整体动作的协调性和表现力。

纠正方法：

（1）通过增强腿部力量和平衡训练，例如单腿站立或瑜伽平衡动作，来提高平衡能力。

（2）练习时专注于扇子的移动，保持视线随扇子动作，以增强动作的整体感和艺术表现。

5. 练习方法

单独练习每个动作时，重复执行直至熟练，同时专注于提高平衡感。动作熟练后，逐渐组合起来，形成一个完整的流程，过程中不断加强对身体平衡的控制。始终关注保持稳定的平衡。训练中要注意感受身体的变化，并及时进行必要的调整。

三、龙飞凤舞

寓意：在中国传统文化中，龙和凤分别象征着力量、威严以及和谐、美丽。在动作中完美呈现了力与美的结合，展现了优雅与力量并存的和谐之美。这一动作不仅是对身体技巧的一种练习，更是对心灵和情感的一种表达。它象征着在复杂的生活环境中，人们应当像龙和凤那样，既展现出坚韧和力量，也不失优雅和和谐，以此达到内外平衡、身心和谐的境界。

1. 动作学习

身体下降，右脚落地，脚尖外摆，重心转移到右腿，右手持扇下沉，随身体向右旋转 180° 向上举扇后随之左手持扇下落，右脚向后退步成左弓步，左手抛扇，右手接扇；左臂向左侧展开，高度与肩同高，视线向扇的方向（图 2-29）。

图 2-29 龙飞凤舞

2. 动作重、难点

重点：保持身体平衡和稳定性，特别是在转体和脚步迈步时。

难点：扇子的控制和转换，需要流畅和精准的动作。视线和手部动作的协调，保持视线始终跟随扇子的移动。

3. 动作要领

这是一个仰身翻转前的动作，要求扇和手臂向前送，抬头看扇，准备翻转。身体翻转时两手握扇自然上举。

4. 易犯错误及纠正方法

错误：

（1）转身时身体不稳定，扇子动作与身体动作不协调。

（2）扇子控制不到位，位置不准确，视线与手部动作不协调。

纠正方法：

（1）可以通过加强腿部力量训练和缓慢地练习转体动作来改善。

（2）可以先练习扇子的基本动作，逐渐加入复杂动作。通过重复练习，确保视线始终跟随扇子的动作，可以提高动作的协调性。

5. 练习方法

每个动作的单独练习中，特别关注于扇子的灵活运用，反复练习以提高对扇子的控制。训练中，呼吸应与动作和扇子的运用同步，确保协调性。坚持练习，专注于提升动作的精准度和流畅性，尤其是扇子的运用。

四、白猿献果

寓意：在中国传统文化中，白猿常被视为智慧与长寿的象征。动作模仿了一只白猿在山林中灵巧地采摘并奉献果实的姿态，象征着慷慨、智慧和谐与自然的共生。提醒着我们要与周围的环境和谐相处，展现出一种平和、智慧和关怀的生活方式。

1. 动作学习

身体向右转动 45° ，重心稍微下降，形成半马步，同时右手握扇向右斜上方打开后下落至腹前，掌心朝上，左臂自然地在右小臂内侧合并，视线向扇的方向；重心转移到右腿，身体向上提升并向右转 45° ，左脚在右脚内侧合并，形成并步，同时右手握扇，从下方向斜上方刺扇，以扇沿为着力点，左手在右肘关节内侧合并，视线向扇的方向（图 2-30）。

图 2-30 白猿献果

2. 动作重、难点

重点：重心从左腿平稳地转移到右腿，并在转移过程中保持身体的稳定和扇的流畅运动。

难点：右手持扇的动作需要流畅且有力，左臂的位置和动作也需与右臂协调。

3. 动作要领

在转动和重心转移时，要注意动作的平稳和连贯，避免突兀的动作。扇子的运动应是流畅和有控制的，避免过快或过慢。

4. 易犯错误及纠正方法

错误：

（1）重心转移不稳，导致身体晃动。

（2）扇的运动不流畅或方向不准。

纠正方法：

（1）加强腿部力量训练，练习慢慢转移重心。

（2）专注于扇的运动轨迹，多练习扇的握持和运动技巧。

5. 练习方法

在练习每个动作时，专注于加强腿部的力量训练，并练习稳定的重心转移。当基本动作达到一定水平后，开始组合练习，形成完整的动作序列。此外，重点训练扇子的运动轨迹，不断练习和完善扇子的握持和操作技巧。持续训练，不断提高动作的精确度和流畅度。

五、白鹤亮翅

寓意：在中国文化中，白鹤常被视为长寿和智慧的象征，它的姿态代表着平静、优雅和高洁。动作取意于自然界中白鹤展翅的优雅姿态。既有力度又不失柔和，象征着在宁静中蕴含的力量。动作体现了身体的协调与平衡，也象征着内在的宁静与智慧。

1. 动作学习

重心下降，右脚迈开成左弓步，右手持扇向上画弧落于身体左侧；右手持扇向下形成马步抱扇，然后两手臂展开举到头顶，左手在右手下方托住，向后插步抬头目视扇子方向，扇沿朝上，扇托平放；右手持扇在头顶外旋，肩、肘、手下落到腹前，握扇的手心朝上，左手在右小臂内侧；再重复两手臂展开举到头顶，左手在右手下方托住，右手持扇在头顶外旋，肩、肘、手下落到腹前（图 2-31）。

图 2-31　白鹤亮翅

2. 动作重、难点

重点：在重心上下移动和腿部步伐变化中保持平衡，同时协调扇和手臂的动作。

难点：需要在保持身体动作流畅的同时，准确地转动头部和调整视线。

3. 动作要领

身体要有拔起的感觉，将肩、腰、胯关节抻拉，并配合吸气进行。身体下落时胯、腰、肩肘放松，配合呼气进行。

4. 易犯错误及纠正方法

错误：

（1）身体重心不稳，导致动作不连贯。

（2）扇子和手臂的动作不协调。

纠正方法：

（1）练习单独的腿部动作，提高腿部力量和平衡能力。

（2）专注于扇子的控制，逐步将手臂动作与扇子动作结合，确保动作的流畅性和准确性。

5. 练习方法

通过反复练习达到熟练掌握。每个动作练习得当后，开始组合练习，将动作串联起来，特别注意步法的连贯流畅。同时，进行呼吸训练，以确保呼吸与步法和动作的协调。持续训练，不断提升动作的精确度和整体流畅性，尤其是步法的连贯性。

六、叱咤风云

寓意：在成语文化中，“叱咤风云”常用来形容人物的英勇和影响力，象征着在逆境中挑战权威和改变局势的能力。动作中展现了强大的内在力量、果敢的勇气以及影响和改变周围环境的能力。这一动作不仅是对身体力量和协调性的锻炼，更是对内心勇气和决断力的培养。

1. 动作学习

重心转移到左腿，右腿自然抬起；同时，右手握扇，向左斜方向 45° 快速合扇，手心朝上，左掌心在右肘内侧，视线向扇的方向。右腿向斜后方移步，身体向右转 180° ，形成右弓步，同时双臂分别向下画弧，右手举起扇到头顶，快速开扇，扇面朝前，左手在右肩内侧，手指向上，掌心朝右。开扇时，头部向左摆动（图 2-32）。

图 2-32　叱咤风云

2. 动作重、难点

重点：快速合扇和开扇需要精确的手腕控制。

难点：身体 180° 的快速转动需与步伐紧密协调，保持平衡。

3. 动作要领

在整个动作中，保持重心稳定，尤其是在快速转身时。精确控制扇子的开合，使之流畅且有力。

4. 易犯错误及纠正方法

错误：

（1）身体转动时重心不稳定，导致步伐混乱。

（2）扇子动作不准确或不流畅。

纠正方法：

（1）加强腿部和核心力量训练，练习慢慢转身以提高控制力。

（2）专注于手腕的灵活性训练，逐渐加快扇子的开合速度。

5. 练习方法

每个动作的训练应重点加强腿部和核心力量，练习慢慢转身以提高整体控制力。同时，专注于手腕的灵活性训练，逐步提高扇子开合的速度和准确性。掌握每个动作后，持续练习，专注于提升动作的精确度和流畅性。

七、春色满园

寓意：在中国文化中，春天象征着新生、复苏和生命力。动作通过伸展与转动展现了生命的活力、内心的和谐以及与自然界的亲密联系，如同春风拂过，万物复苏。

1. 动作学习

身体向左转动，重心转移到左腿，形成左弓步，身体朝向左斜前方 45°；同时，右手握扇，从上方向下经过脸前摆动，右臂伸直，扇端平行，掌心朝上。左臂在右臂内侧，手指向上，掌心朝右。视线向扇的方向。重心向前移动到左腿，右腿自然抬起，形成左独立式；同时，左手从内向前合扇，视线向前方。保持身体姿势不变，左手接上式合扇后继续向下打扇首，右手从后向前打扇根，扇在胸前旋转一圈，视线向前方。右脚向右步出，重心下降，形成马步；同时，双臂下落，分掌在两侧胯部，视线向右下方。重心转移到右腿，左腿自然抬起；同时，双臂从下向上展开，两掌心朝上，高度与肩同高，视线向右手。重心下降，左脚向右腿前方步出，形成盖插步；同时，双臂向上画弧，然后向下经过胸前交叉，向两侧分开，分臂时，右手在右斜下方快速开扇，扇沿朝下，手心朝后。左臂位于斜后方，掌心朝外，小指一侧向上，视线向扇的方向。下肢动作保持不变，右手以肘为轴，向内、向上旋转，小臂外旋，顺势快速将扇合在手中，手心朝上。（图 2-33）。

图 2-33　春色满园

2. 动作重、难点

重点：快速且准确的开合扇以及扇的旋转。

难点：在单腿支撑和复杂的手臂动作中保持身体平衡。

3. 动作要领

在身体姿势不变的前提下合扇，腰部收紧、单腿支撑要稳。绕扇的时候要加快速度。

4. 易犯错误及纠正方法

错误：

（1）单腿站立时身体不稳定。

（2）扇子的操作不准确或不流畅。

纠正方法：

（1）加强腿部力量和平衡练习，专注于腿部稳定性。

（2）多练习扇子的开合和旋转动作，提高手腕和手臂的灵活性和协调性。

5. 练习方法

单独练习每个动作时，重复执行直至熟练，同时专注于提高腿部稳定性。动作熟练后，逐渐组合起来，形成一个完整的流程，可以对其中扇子的开合和旋转动作重点关注。

第八节　收势

1. 动作学习

保持身体姿势不变，以扇柄为着力点，将扇器向上抛，使扇内旋，扇首和扇根在空中交换位置，扇首一侧落入手心。右手抓住扇柄，视线向扇的方向；右腿向身体右侧迈步，双臂平举，掌心朝上；右脚尖向前转，双脚分开，形成马步；重心转移到右腿，左脚向右脚内侧并步，同时双臂从上向下压在胸前，双掌心朝下，落在两侧胯部，视线向前方（图 2-34）。

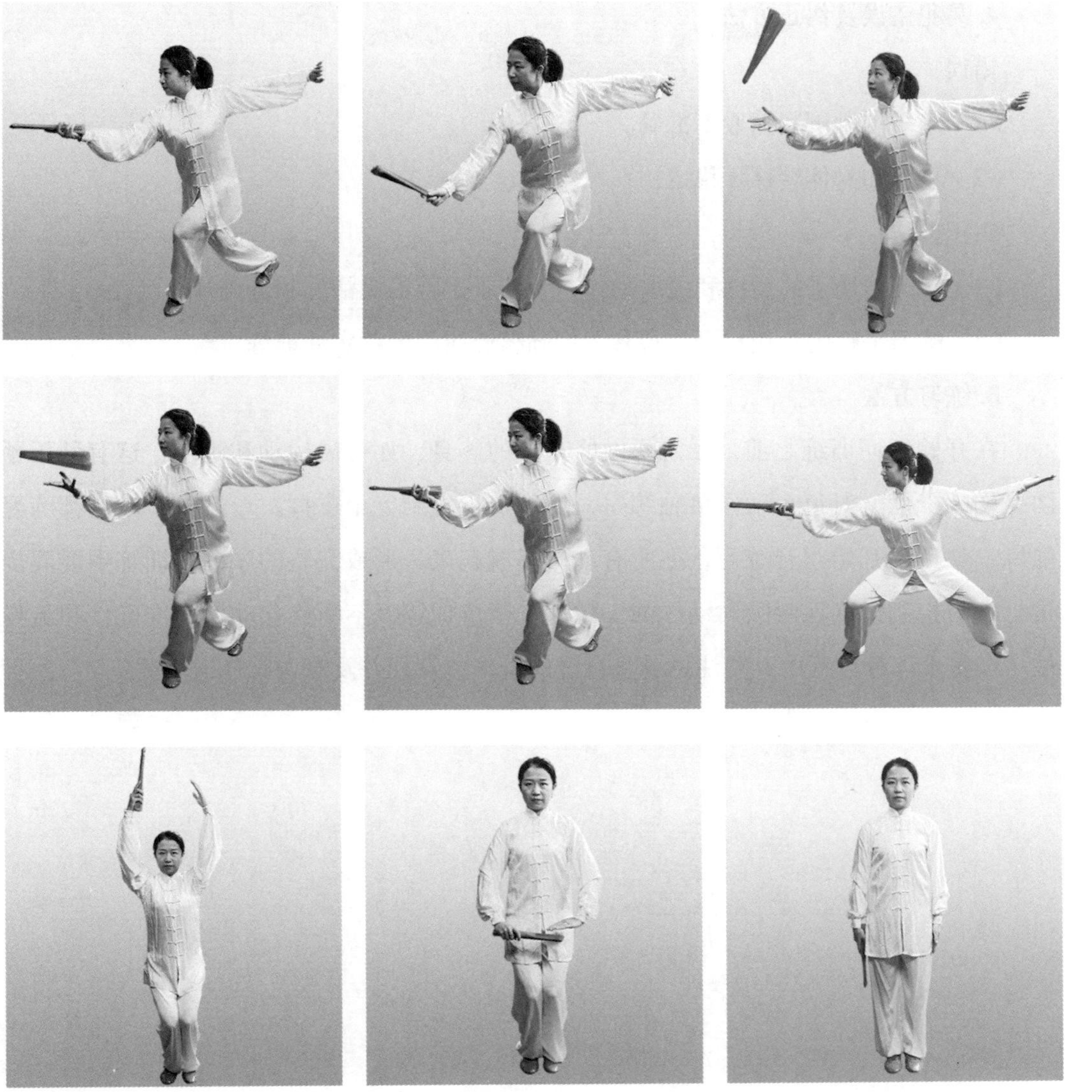

图 2-34 收势

2. 动作重、难点

重点：扇子的抛掷和准确抓取是这个动作的关键。

难点：在步伐和手臂动作中保持身体的平衡和稳定。

3. 动作要领

收势动作是整套动作的结束，因此动作要平稳，气要调整平和，整个身体还原到起势的状态 。

4. 易犯错误及纠正方法

错误：

（1）扇子的抛掷和抓取不准确。

（2）步伐和身体转移不稳定。

纠正方法：

（1）多练习扇子的抛掷和抓取动作，专注于手腕的灵活性和准确性。

（2）练习平稳的步伐和身体转移，加强核心肌群的稳定性训练。

5. 练习方法

在开始任何训练之前，一定要做好充分的热身，如伸展运动和跑步，这有助于预防受伤。随后，对每个动作单独练习，反复执行直到完全掌握。一旦各个动作都练习熟练，就可以开始组合练习，把所有动作串联起来，形成完整的序列。训练中要同步进行呼吸控制，确保呼吸与动作的一致性。坚持训练，不断优化动作的准确性和流畅性。在整个训练过程中，要注意感受自己的身体，发现并及时调整任何不适。

第三章　专项身体素质篇

在学习和练习太极扇时，需要具备一定的身体素质条件，保持身体姿势的稳定性，腿部力量是维持身体平衡和稳定的关键因素。太极扇涉及许多腿部动作，如前进、后退、左右移动以及半蹲、马步等，腿部不仅是支撑身体的基础，还是力量传递和整体协调的重要环节，通过腿部的发力与配合，练习者能够将力量有效地传递到上肢和扇法中，实现整体动作的和谐与统一。腿部力量的强弱直接影响这些动作的执行质量，强壮的腿部肌肉能够提供必要的支撑力，帮助练习者在各种动作中保持稳定，从而更好地掌握太极扇的技巧。

练习方法 1：负重单腿蹲

（1）动作过程：将杠铃扛在肩上，两手打开抓住杠铃两端，如图 3-1（a）所示；然后保持身体姿势不变，提腿扣在膝关节后侧，如图 3-1（b）所示；然后屈腿下蹲，保持住身体重心，屈蹲腿尽量与地面平行，如图 3-1（c）所示；再缓慢落脚起身，如图 3-1（d）所示，循环往复。

（2）控制节奏：注意控制节奏和速度，不要过快或过慢。保持稳定的呼吸和动作。

（3）重复练习：建议每组左、右腿各 10~15 个，共 5 组，逐渐增加次数和难度。

（4）保持平衡：在屈蹲的过程中，要保持身体的平衡和稳定。

（5）注意呼吸：在练习过程中，要注意呼吸的配合和控制。在屈蹲时吸气，然后在落地时呼气，以帮助提升锻炼效果。

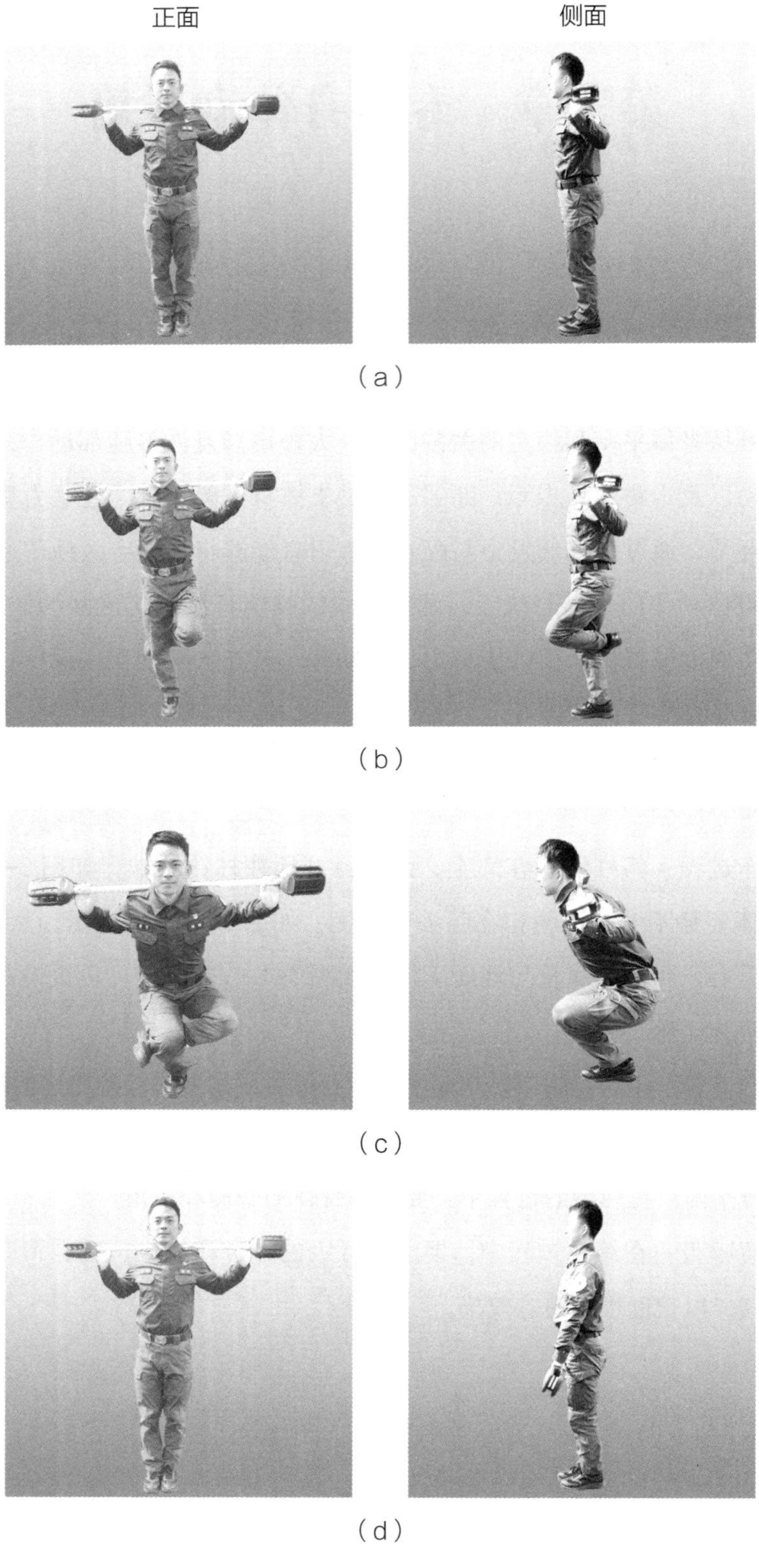

图 3-1　负重单腿蹲

练习方法 2: 屈蹲

（1）动作过程：两腿自然开立，双手抓起壶铃置于体前，两臂自然伸直，如图 3-2（a）所示；然后双手提起壶铃至胸前，两臂侧平提起与肩同高，如图 3-2（b）所示；然后屈膝下蹲，保持住身体平衡，如图 3-2（c）所示；再缓慢起身，如图 3-2（d）所示，循环往复。

（2）控制节奏：注意控制节奏和速度，不要过快或过慢。保持稳定的呼吸和动作。

（3）重复练习：建议每组左、右腿各 10~15 个，共 5 组，逐渐增加次数和难度。

（4）保持平衡：在屈蹲的过程中，要保持身体的平衡、稳定和提壶铃姿势不变。

（5）注意呼吸：在练习过程中，要注意呼吸的配合和控制。在屈蹲时吸气，然后在起身时呼气，以帮助提升锻炼效果。

图 3-2　屈蹲

第四章　教学设计案例篇

学习主题	28 式太极扇	实施学期	一学期	课时	10 学时

1. 主题概述

《太极扇》课程是为本科一、二年级学生开设的公共体育必修课，该课程以学习 28 式太极扇套路为主要技术内容，提高学生对身体的控制能力和协调能力；同时学习太极扇基础理论，全面培养学生对太极扇的兴趣并成为太极文化的践行者和传播者。

2. 学情分析

上课对象是大学一、二年级学生，大部分为初学者，学生好动，思维敏捷，接受新事物速度快，善于研究和发现，但是，初级阶段学生还没有完全掌握运动项目的学习规律，对技能性运动项目的操作有一定的难度，随着练习次数的增多，学生会随之掌握学习规律，从而加强对项目的认知，提高学习效率。本课程采用理论联系实践的教学方法，在理论认知的基础上，激发学生学习的兴趣，积极投入到技术学习中，最后将理论内容延伸到实际生活中，引导学生积极地面对生活时事。

3. 学习目标

（1）基本知识目标：使学生能够独立地进行技术动作的演练，领会太极扇文化内涵，完成基本知识目标。

（2）能力提高目标：以“身”去体悟太极哲理，以“心”去感悟中国文化的魅力。

（3）思政教育目标：增强学生的民族自信和文化自信，努力实现以德树人、以武育人的教育目标。

4. 教学过程

课次	传统文化	学习内容	设计意图	思政要点
1	武术礼节 太极扇历史与文化	起势 青龙出水 怀中抱月 宿鸟投林 随风摆柳 芙蓉出水	通过学习项目的历史和文化沉淀，提高学生的理解掌握能力、批判性思维能力、视野宽度、学习兴趣和人文素养。	指引学生理解技术的发展和演变，培养学生对太极文化的热爱和尊重。

续表

课次	传统文化	学习内容	设计意图	思政要点
2	太极扇 美学特征	鱼贯而入 仙人指路 迎风掸尘 海底指针 风驰电掣	通过中国传统文化的审美观念看太极扇的古典美学特征，引导学生培养对传统美学的欣赏能力，提高学生的审美水平。	通过深入理解太极扇的美学特征，提高学生珍视和自豪地传承中华文化，培养文化自信心。
3	太极扇文化的神韵内涵	鹞子翻身 神龙返首 蛟龙出海 铁牛耕田 逗蜂戏蝶	通过太极扇的内在美和外在美的解析，让学生全面了解和体验太极扇内外兼修的精神和文化底蕴。	在理解太极扇神韵的基础上，鼓励学生从中汲取灵感，将其应用到日常生活和学习中，激发创新思维和创造力。
4	象形文化	黄莺落架 霸王举鼎 白蛇吐信 四维雄风 婵娟射雁 云燕觅食	动作名称精炼贴切、寓意深远，又极具古典韵味，传达给学习者一个完整的、生动的动作形象，激发练习者的形象思维，引领学习者进入一个意蕴横生的美感世界里。	如黄莺落架、四维雄风、霸王举鼎等词语优美雅致，通过象形比类取象思维的训练，学生可以更好地理解抽象的概念和理论，增强形象思维能力，更好地把握事物的本质和规律。
5	敬畏自然 敬畏生命	风扫落叶 玉树凌风 龙飞凤舞 白猿献果 白鹤亮翅 叱咤风云 春色满园 收势	通过每一个招式、动作的模仿，如大自然的落叶、玉树等，引导学生在练习中置身于大自然之中，感受着大自然的韵律与节奏。	太极扇的动作名称犹如一幅幅活生生的人和自然和谐相处的画卷，引导学生要与自然和谐共处，人与人之间和谐共处，并追求社会和谐、世间和谐。
5. 评价 （1）运动能力评价：能够用语言描述出技术动作要领。 （2）太极文化评价：结合中国传统文化，说出 1~2 个太极文化特点。 （3）健康意识评价：说出太极扇运动对身体的益处。 （4）道德品质评价：武以德立，互相尊重，遵守规则，团结互助。				

续表

6. 测试 （1）观看太极扇视频，与老师同学分享观看心得。 （2）测试考核。
7. 学习资源 （1）利用学校网络学习平台和教师资源，在学校操场、公园及宿舍等地点完成课前预习、课中学习、课后复习以及体能练习。 （2）自行组队进行小组练习和展示。